KB038771

03 인지행동치료
스펙트럼 시리즈

COGNITIVE
BEHAVIOR
THERAPIES

심리도식치료

인지행동치료 스펙트럼 시리즈 ▌COGNITIVE BEHAVIOR THERAPIES 03

심리도식치료

Eshkol Rafaeli · David P. Bernstein · Jeffrey Young 공저 ▌ 이은희 역

학지사

역자 서문

 심리도식치료(Schema Therapy)는 인지행동치료, 애착 이론, 게슈탈트 치료, 대상관계 이론, 구성주의 및 정신분석치료의 요소들을 조합한 통합적 심리치료로서 만성적인 성격장애의 치료에도 적용 가능한 심리치료 방법이다.

 최근 국내에서는 Young의 심리도식 질문지(YSQ)를 통하여 측정할 수 있는 초기 부적응 도식에 대한 연구가 많이 이루어지고 있지만, 심리도식치료 이론에 대한 소개는 『심리도식치료(Schema therapy: A practitioner guide)』를 제외하면 전무한 실정이다.

 역자의 경우, 석·박사과정 동안 학생상담연구소에서 상담 경험을 쌓던 그때를 돌이켜 보면 늘 어렵게 느껴지던 내담자들이 있었다. 그들이 이미 고정된 자신만의 사고 양식을 고수할 뿐 아니라 이러한 양식이 만연해 있었기 때문에 내담자를 포기하고 싶을 정도의 저항감을 느낄 때조차 생겨났다. 당시에는 초심 상담자로서의 어려움이라고만 생각했다. 그러나 지금까지 꾸준히 상담을 해 오면서도 그러한 상황을 맞닥뜨리는 일은 사라지지 않았다. 특히 어린 시절의 유해한 양육 환경 탓에 채워지지 않은 정서적인 욕구가 많은 내담자일수록 여러 가지 곤란과 아픔을 호소하며 힘들어하였다. 이러한 내담자들이 제한된 재양육과 공감적 직면을 통해 긍정적 재경험을 하도록 조력하는 과정인 심리도식치료를 접하게 되었고 이에 매료되었다. 그 후로 실제 상담 현장에서 이 책에 소개된 기법들을 적용하여 효과적으로 개입하고 있다.

　이 책은 방대하고 복잡한 심리도식치료를 다양한 정신건강 전문가가 손쉽게 이해할 수 있도록 기술되어 있다. 심리도식치료의 이론적 특징과 다양한 대상에 대한 실제 적용 사례를 중심으로 구성되어 있으며, 간략하게 설명하고 있어서 심리도식치료를 이해하고 현장에 적용하는 데 유용할 것으로 생각된다. 이 책이 심리도식치료를 학습하고 이를 현장에 적용하고자 하는 전문적인 상담자들에게 많은 도움이 되고 치료 지침이 될 수 있기를 기대한다.

　끝으로 이 책의 번역과 출판을 허락하고 지원해 주신 학지사

김진환 사장님과 세심하게 정성을 다하여 편집과 교정을 해 주신 학지사 김선영 과장님, 번역과정에 도움을 준 이수민에게 감사의 마음을 전한다.

2014년 11월
이은희

서 문

인지행동치료는 축1 장애의 시간 제한적인 증거기반 치료에서 포괄적인 용어로서 강한 정체성을 발달시켜 왔다. 하지만 성격장애들과 다른 지속되는 관계적, 정서적 어려움을 해결할 수 있는 인지행동치료 모형들이 더 많은 관심을 끌고 있다. 그중 가장 중요한 모형은 Young(1990)이 처음 소개했고 더 최근에 Young과 동료들(Young, Klosko, & Weishaar, 2003)이 정교화한 심리도식치료다.

심리도식치료는 인지치료(그리고 더 일반적으로는 인지행동치료), 애착, 대상관계 이론, 게슈탈트와 경험치료의 요소들을 모두 가져온 통합적 접근이다. 우리의 목표는 광범위한 인지행동 영역 안에서이 심리도식치료를 구분하는 특징을 보여 주는 것이다. 이어지는 장들에는 이를 명확히 하기 위한 이론적, 실제적 구분이 있다. 여기에서 주목할 만한 몇몇 중요한 구분이 있다. 첫 번째로, 심리도식치료는 다른 전통적 인지행동치료 접근들과는 달리 증상을 유지시키는 요소만이 아니라 명백하게 현재 증상의 발달(원인론)과 관련이 있다. 두 번째로, 교정적인 정서적 경험과 공감적 직면을 포함한 치료자-환자의 관계를 매우 중요시한다. 세 번째로, 치료자가 지향해야 하는 분명한 목표—환자들이 자신의 핵심 정서 욕구를 이해하고 그들이 고수해 온 인지적, 정서적, 관계적, 행동적 패턴을 바꿔서 그러한 욕구를 적응적인 방식으로 충족하는 방법을 배우도록 도와주는 것—가 있다.

이 책의 전반부(1~15장)에서는 심리도식치료자들이 지지하는 이론적 모형을 자세히 설명한다. 이 모형은 보편적 핵심 정서 욕구(1장)에 많은 할애를 하고, 이러한 욕구가 충족되지 않을 때 생겨나는 부적응 도식(2, 3장)에 대해 논의한다. 이 모형은 또한 세 가지 광범위하고 부적응적인 대처 방식, 즉 굴복자, 회피, 과잉 보상(4장에 나오며 5~7장에서 자세히 제시됨)을 소개한다.

지난 15년간, 심리도식치료의 개선은 심리도식치료자들의 작업에 있어 매우 중요해진 양식인 추가적 구조의 발전을 가져왔다. 이 개념에 대해 대략적으로 설명하고(8장) 임상 경험에서 마주치게 되는 주요 종류의 양식들에 대해 자세히 살펴볼 것이다

(9~13장). 마지막으로, 이 책의 절반인 이론 부분을 심리도식치료의 중심인 치료적 입장(제한된 재양육과 공감적 직면)의 논의로 결론짓는다(14~15장).

이 책의 나머지 후반부(16~30장)에서는 심리도식치료의 적용에 대해 이야기한다. 치료 자체가 그렇듯이, 평가 단계에서 시작하고(16~18장), 환자에게 제시되고 차후 치료를 안내하는 사례 개념화에서 정점을 이룬다(19장). 그리고 나서 심리도식치료자들이 재량권을 가지고 있는 관계적, 인지적, 정서 중심적 그리고 행동적 기법의 네 가지 큰 도구상자(20~23장)와 양식과 관련된 특정한 개념들(24장)을 살펴본다. 이어지는 장들(25~27장)은 특정 환자 집단(관계적 괴로움을 경험하고 있는 커플뿐만 아니라 경계선적, 자기애적, 반사회적 성격을 가진 개인)에 있어 심리도식치료의 사용을 살펴본다. 28장은 심리도식치료(오래 계속되어 온 문제들을 위한)와 다른 인지행동치료 및 증거기반 치료(보다 급성의 축1 장애들 혹은 증상들을 위한) 간의 상호작용에 대한 것이다. 29장은 실제적 관점에서 제한된 재양육에 대한 문제로 돌아온다. 그리고 30장은 환자의 욕구, 도식, 대처 방식과 양식을 접하게 될 때 치료자 자신의 도식과 대처 방식에 주의를 기울이는 것의 중요성을 강조한다.

이 마지막 장은 성격장애들이나 오래 계속된 관계적 문제들을 치료하는 다른 접근들과 비교해 확실히 인정 있고 인간미 있는 접근으로서 심리도식치료를 구분하는 한 가지의 특성을 더 강조한다. 그것은 모든 이가 욕구, 도식, 대처 방식과 양식을 가지고 있다는 가정으로, 그러한 것들은 우리가 치료하는 환자들에서는 더 두드러지고 바꾸기가 어렵다는 것이다.

차 례

2부

실제편

1부

이론편

01

보편적 핵심 정서 욕구

심리도식치료는 일련의 보편적인 정서적 욕구를 알아차리는 것으로 시작된다. 이러한 것들은 안전, 안정, 양육 및 수용을 위한, 자율성, 유능감 및 정체성을 얻기 위한, 자신의 욕구와 감정을 마음대로 표현하기 위한, 자발성과 활동을 위한, 그리고 자기 통제의 발생을 촉진하는 현실적인 제한이 있는 세계를 위한 욕구를 포함한다.

모든 사람은 정서적 욕구를 지니고 있다. 사실 우리는 모든 사람이 이러한 특정 욕구를 지니고 있다고 주장한다. 개인들 간에 특정 욕구들의 강도 차이가 있을 수도 있다. 즉, 어떤 사람은 자발성과 창의적 표현에 더 강한 기질 욕구를 가질 수도 있고, 어떤 사람은 특히 양육을 간절하게 원할 수도 있다. 그러나 이러한 개인적 차이에 더해서 보편적 유사성이 있다. 즉, 우리 모두는 기본적으로 이러한 모든 욕구를 어느 정도 지니고 있다.

정서적 욕구들은 아동기부터 나타나기 시작한다. 확실히 대부

분은 아동기에 가장 강하게 나타난다. 예를 들면, 안전과 안정
욕구는 평생에 걸쳐 나타나지만 그 사람이 취약하고 무기력할
때 가장 강하게 영향력을 미친다.

　심리적 건강은 적응적인 방식으로 자신의 욕구를 충족하는 능
력이다. 아동 발달의 중심 과제는 자신의 핵심 욕구들을 충족하
는 것이다. 효과적인 양육의 중심 과제는 아동이 이러한 욕구들
을 충족할 수 있도록 돕는 것이다. 그리고 심리도식치료의 중심
과제, 즉 그것의 가장 중요한 목표는 성인들이 그들의 욕구가 과
거에 충족되지 않아 왔더라도 그들 자신의 욕구를 충족하도록
돕는 것이다.

　보편적 핵심 정서 욕구들뿐만 아니라, 심리도식치료는 성인기
에 나타나는 욕구들(예: 일하고자 하는 욕구, 다른 이를 돌보고자 하
는 욕구)의 출현을 인식한다. 이러한 욕구들은 심리건강에는 중
요하지만 치료의 중심이 되지 않는 경향이 있다. 하나의 가능성
은 더 기본적인(그리고 더 초기의) 정서적 욕구들이 적절한 방식
으로 충족되었을 때 개인은 다음 욕구들을 손쉽게 조절할 수 있
는 능력을 갖게 된다는 것이다.

　심리도식치료는 그 뿌리를 인지행동치료(도입에서 설명되었으
며 28장에서 다루게 됨)에 두고 있다. 하지만 인지행동치료는 통
상적으로 보편적 욕구들에 역점을 두어 다루지 않는다. 만약 욕
구들이 인지치료에서 언급된다면, 그것은 환자나 치료자가 욕구
들을 확인했을 때 임시적인 방식에서 언급하는 것이다. 일부 인
지행동 접근에서는 실제로 욕구를 의무와 책임 같은 개념과 함

께 묶어서 가장 피해야 할 개념으로 보고 그것을 무시한다. 이것이 심리도식치료가 어떻게 다른 인지행동치료 접근에서 벗어나는지, 그리고 어떻게 다른 방향의 접근들(정서중심, 애착 그리고 역동적 접근)로부터 유용한 아이디어를 통합하는지의 예다.

실제로 욕구는 초기 임상적 치료 이론들(예: 선택 이론: Glasser, 1969; 욕구의 위계: Maslow, 1962)의 초점이 되어 왔다. 그리고 최근의 성격심리, 사회심리, 발달심리 연구에서 중요성을 지닌다 [예: Baumeister와 Leary(1995)의 소유의 욕구, Deci와 Ryan(2000)의 보편적인 자율성, 유능감 및 관계 욕구에 대한 자기결정 이론의 보다 광범위한 연구].

욕구—특히 양육, 온정, 안전에 대한 욕구—는 또한 애착 이론의 중심이다. Lorenz와 Harlow와 같은 진화생태학자에 의해 관찰된 현상에 John Bowlby의 매우 뛰어난 관찰로부터 시작된 애착 이론은 지난 반세기 동안 인간 발달의 중요한 접근으로 이어져 왔으며, 아동 발달과 인간의 사회 · 정서 발달에 좀 더 직접적인 영향을 미쳤다. 수십 년간 이루어진 인간과 영장류의 연구에 따르면, 생애 초기의 안정 애착은 이후의 많은 적응적 과정의 근거로서 기여한다. 즉, 안정 기반에서 아동은 호기심과 탐구, 자기 위로와 자기 통제 및 궁극적으로 친밀한 정서적 유대를 형성하는 능력을 발달시킬 수 있다.

애착 이론과 연구는 심리도식치료에 영향을 주는 주요한 근원이 되어 왔다. 영국 대상관계 학파인 Margaret Mahler와 Donald Winnicott뿐만 아니라 Bowlby와 Ainsworth의 견해는 심리도식치료가 주장하는 세 가지 부분 중 하나로서의 욕구 개념으로 매우 명확히 설명된다(우리가 나중에 다루게 될 나머지 두 부분은 인지행동치료와 경험적/정서중심 접근이다).

욕구를 강조하는 일부 이론(예를 들어, Maslow의 위계 모델과 애착 이론을 모두 포함하는)에서는 더 기본적이고 근원적이라고 보는 특정 욕구를 특권화된 위치에 둔다. 예를 들어, 애착 이론에서는 안정 애착 욕구가 획득되지 않으면 다른(혹은 나중의) 욕구가 방해된다. 도식 이론은 이러한 '위계'나 중요성의 정도에 대한 가설을 세우는 것을 피한다. 대신 핵심 욕구가 특히 성인의 삶에서 필수적이고 보편적이라고 본다.

욕구에 대한 마지막 관점은 심리도식치료의 특징이다. 일반적인 욕구들에 대하여 환자들을 교육하고, 자신의 충족된 욕구들뿐만 아니라 충족되지 못한 욕구들까지 교육하는 것은 그 자체가 매우 강력한 개입이 될 수 있다. 그들이 힘들고 탐욕스럽지 않으며, 치료가 그들의 욕구 충족을 돕고자 하는 것을 듣는 것(많은 환자가 그런 것처럼)은 과거에 대한 비판단적 관점, 명확하고 긍정적인 미래관을 제공하는 것이다.

02

충족되지 못한 욕구의 결과로 인한
초기 부적응 도식 발달

심리도식치료라는 명칭의 개념은 당연히 그리스어에 기원을 두고 있는 도식이라는 어휘에서 비롯되는데, 이는 복합적인 일련의 자극이나 경험 속에서 규칙을 창출하는 데 보탬이 되는 패턴이나 구성체계를 지칭한다. Schemata(또는 더 흔히 schemas라고 불린다)는 몇 가지 예를 들면, 철학, 컴퓨터 과학, 설정 이론 그리고 교육학을 포함한 다양한 영역에서 깊은 역사를 갖고 있다. 심리학에서는 도식이 인지/발달 논문에서 처음으로 소개됐고, 그 이후부터는 인지치료로의 자체 행로를 걷게 됐다(Beck, 1972).

인지 발달 연구에서 도식의 개념은 개인이 설명할 수 있도록, 지각을 중재하고 그들의 반응을 유도하도록 돕는 현실이나 경험에서 드러나는 패턴을 말한다. 도식은 사건이 가진 불명확한 특성의 추상적인 표상으로, 그것의 가장 두드러지는 요소에 대한 일종의 청사진이다. 인지심리학에서 도식은 또한 정보를 해석하고 문제를 해결하는 역할을 하는 추상적인 인지 도면으로 여겨질 수 있다. 그렇기에 사람들은 문장을 이해하기 위한 언어적 도식이나 신화를 해석하는 문화적 도식을 갖고 있을 것이다. 심리학에서 '도식'이란 용어는 아마 아동기 인지 발달의 다양한 단계에서 도식에 대해 상세히 설명한 Piaget(예: 1955), 그리고 이 용어를 처음으로 사용했고 기억의 재생뿐만 아니라 새로운 정보의 배움에 있어 도식의 역할을 증명해 보인 Bartlett(1932)와 가장 보편적으로 관련되어 있을 것이다.

인지심리학에서 인지치료로 바뀌면서, Beck은 그의 초기 문헌(예: 1972)에서 schemata를 언급했다. 하지만 도식에 대한 아이디어나 광범위한 조직화 원리는 모든 이의 삶 속에 존재하며, 많은 치료적 접근이나 인지적 혹은 다른 많은 접근에 내재되어 있으며 사람들에게 그들 고유의 삶을 이해하도록 안내한다. 이와 같이 많은 이론가는 도식이 생의 초기에 형성되지만 전 생애에 걸쳐 지속적으로 정교화되고 발전된다는 것에 동의한다. 또한 많은 접근에서 보편적으로 언급되는 것은 초기 삶의 경험에 정밀하게 사로잡힌 도식이 더 이상 적용되지 않는 현재의 상황에 가끔 이용된다는 것이다. 실제로 이것은 정확히 인지, 발달 심리학자들이 예상했던 바(도식이 우리의 인지적 일관성을 유지하며 작동될 것이다)다. 이는 도식이 어떻게 기능하는가를 말해 준다. 도식은 우리가 진실일 수 있다고 생각하는 것에 빠르게 다가가게 해 주고, 우리가 맞닥뜨리는 모든 세부 사항에 대한 조심스러운 처리과정을 줄여 주어 지름길을 제공한다. 어떤 경우에는 도식이나 지름길이 정확한 상황을 파악하는 데 매우 효과적이다. 하지만 다른 경우에는 그것들이 우리에게 부정확하고 왜곡되고 질 나쁜(신속하고 대강 하는) 그림을 제공한다. 어떤 경우든 도식은 우리가 우리 자신과 우리의 세계에 대해 안정적인 시각(그것이 정확하든 부정확하든, 혹은 적응적이든 부적응적이든)을 유지하도록 한다.

안정성과 예측성은 지니기에 좋은 덕목처럼 들리며 어떤 경우에는 매우 그러하다. 예를 들어, 어떤 종류의 도식 —정신 각본(mental script) — 은 어떻게 한 과정(예: 메인 코스)이 다른 과정(예: 애피타이저) 이후에 생겨나는지를 예상토록 하여 우리의 태도를 유지한 채 완전히 새로운 장소(예: 모르는 식당, 심지어 우리가 말을 하지 못하는 외국의 식당)에 있는 것을 잘 다루도록 한다. 도식이 완전히 정확하지 않을 때에도 어떤 경우에는 여전히 무해할 수 있다. 예를 들어, 다른 종류의 도식 — 집단 고정관념 — 은 우리가 새로운 지인을 온전히 인종, 성별, 출신국 등에 따라 어떤 뛰어난 능력을 갖고 있다고 여기거나 추정하도록 한다.

하지만 어떤 도식, 특히 위험한 유년기 경험의 결과로 얻게 된 자기 및 대인관계와 관련 있는 도식은 매우 치명적인 영향을 미칠 수 있다. 우리가 초기 부적응 도식이라고 말하는 이러한 도식은 심리도식치료의 중심이며 성격장애, 관계의 어려움, 몇몇 축1 장애의 중심이다.

Young, Klosko와 Weishaar(2003)는 초기 부적응 도식에 관해 다음의 포괄적인 정의를 제공한다.

- 광범위하고 널리 퍼진 주제나 패턴
- 기억, 감정, 인지와 신체 감각으로 구성됨
- 자기 자신과 타인과의 관계에 관련됨
- 아동기와 청소년기에 발달됨
- 일생 동안 정교화됨
- 상당한 기능장애를 가짐

다시 말해, 초기 부적응 도식은 발달 초기에 시작되어 생애 동안 되풀이되는 자괴감을 느끼는 정서적, 인지적 패턴이다. 이 정의에 따르면, 개인의 행동은 도식 자체의 일부분이 아니다. 대신 부적응 행동은 도식에 대한 논리적 반응으로 발달된 것이라 여겨진다. 이와 같이 행동은 도식에 의해 추동된다. 하지만 도식의 일부가 아니다. 많은 행동은 우리가 도식에 대처하는 방식을 반영한다. 이에 대해서는 4~7장에서 대처 방식을 논의할 때 상세히 다룰 것이다.

(이제부터 간단히 도식이라고 칭할) 초기 부적응 도식은 어린 사람의 욕구가 충분히 충족되지 않은 해로운 초기 경험으로부터 출현한다. 대부분의 초기 욕구(예: 안전과 안정 애착의 욕구, 보살핌 욕구)는 어린아이의 핵가족 안에서 강력한 형태로 존재한다. 이러한 이유로 친족 단위에서의 문제는 종종 초기 부적응 도식의 중요 기원이 된다. 가장 일찍 발달되고 그 사람의 핵심에 가장 가까운 도식은 대개 핵가족으로부터 기원한다. 이를 확장하면 아이의 가족 역동은 아이의 전체 초기 세계의 역동이다. 환자가 그

들의 초기 부적응 도식을 활성화하는 성인기의 상황은 통상 그들이 아동기로부터 부모와 함께한 각본임이 발견되기도 한다.

아이가 성숙함에 따라서 점점 더 중요해지는 무대는 또래, 확대가족, 학교, 지역사회의 집단, 배경 문화다. 이들 영역에서의 나쁜 경험(즉, 핵심 정서 욕구가 충족되지 않음을 경험) 역시 도식의 발달을 가져온다. 하지만 이후 나이가 들어서 발달된 도식은 일반적으로 친족 영역 내에서 초기에 발달된 도식보다 전반적이거나 강력하지 않다. 이는 아마 그러한 욕구의 본질이 가족을 지향하기 때문일 것이다. 그것은 또한 아이와 원가족 간의 오랜 기간 동안의 접촉 때문일 것이다(대다수의 또래, 학교 혹은 이웃과의 접촉과 비교하여)

도식의 습득을 촉진하는 네 가지 유형의 생애 초기 경험이 있다. 첫 번째는 유해한 욕구 좌절이다. 이는 아동이 '좋은 게 너무 적음'을 경험하고 초기 환경의 결함을 반영하는 도식을 습득할 때 생긴다. 아동의 환경에 안정성, 이해 혹은 사랑과 같은 중요한 무언가가 빠져 있는데 그러한 부족함이 아동의 마음에 영구적인 존재가 되는 것이다.

도식을 발생시키는 생애 초기 경험의 두 번째 유형은 심리적 외상화다. 아동이 상처받거나 희생되면 위험, 고통 혹은 위협의 존재를 반영하는 도식이 발달한다. 안전에 대한 핵심 정서 욕구가 충족되지 않고 악화되면 그것이 바로 장애가 되어 종종 불신, 과잉 경계, 불안과 절망으로 특징지어지는 도식들로 이끈다.

세 번째 유형의 경험에서는 아동이 '좋은 것이 너무 과함'을 경험한다. 부모가 아동에게 적당한 정도가 아닌 너무 많은 건강한 것을 제공한다. 이러한 종류의 도식에서는 아동이 대부분 절대 학대당하지 않는다. 하지만 대신 응석받이로 키워진다. 아동의 자율성이나 현실적 한계에 대한 핵심 정서 욕구는 충족되지 않는다. 따라서 부모는 아마 아동의 삶에 과도하게 개입하려 하고 아동을 과잉보호하며 아동에게 어떠한 한계 없이 과도한 수준의 자유와 자율권을 줄 것이다.

도식을 생성하는 생애 경험의 네 번째 유형은 중요한 타인들에 대한 선택적 내재화나 동일시다. 아동은 선택적으로 영향력 있는 성인(대개 부모)의 생각, 느낌, 경험 및 행동을 동일시하고 내재화한다. 이러한 과정에 대한 설명의 한 방법이 모델링 — 어린 아동에게 그들이 세상에서 어떻게 지내야 하는지에 대한 부모나 다른 성인의 모델링 — 이다. 관찰하고 있는 아동이 핵심 정서 욕구 충족의 실패가 발생하는 것을 학습할 때 이러한 동일시와 내재화의 일부는 도식이 될 수 있다. 예를 들어, 과민하고 과도하게 불안해하는 어머니에게서 양육된 어린 소녀는 아마 어떠한 직접적 결함, 심리적 외상 혹은 과도한 방종을 경험하지는 않지만 세상은 위험하거나 수월하지 않다는 것을 배운다. 취약한 부모-자녀 유대 때문이 아니라 부모 자신이 불안정하게 느끼기 때문에 간접적인 방식으로 그 자녀는 안정 기반을 잃는다.

초기 환경 이상으로 다른 요인들이 도식의 발달에 중요한 역할을 할 수 있다. 그것은 아동과 가족의 삶에서 문화적 맥락과 아동의 정서적 기질이다. 도식은 궁극적으로 아동의 기질과 그의 발달환경의 상호작용으로부터 생겨난다. 다양한 기질적 취약성은 편향된/결핍된 정보 처리, 정서 불규제 혹은 분열된 대인관계 행동이다. 특정의 유해한 가정환경 혹은 힘든 삶의 상황과 맞닿게 되면 도식은 기질적 취약성이 없는 개인에게도 나타난다. 하지만 기질적 취약성이 더 클수록 환경적 기여가 덜 필요하다.

도식은 세상은 (통제 가능하지 않더라도) 예상 가능하다는 인지적 일관성을 만들어 낸다. 그리고 사람들이 이러한 종류의 예상 가능성을 얻으려 하기에 도식은 매우 오래간다는 것이 증명될 수 있다. 도식은 어느 정도 그들 자신의 생존을 위해 싸운다. 우리의 도식은 우리가 아는 것이다. 즉, 우리에게 고통을 준다 할지라도 어느 정도의 친숙하고 편안한 방식으로 그렇게 하는 것이다. 도식은 정확하다는 느낌을 준다. 인지적으로 도식은 그 자체와 일치하는 정보에 우리의 관심을 끌고 그것에 부합되는 방식으로 기억하게 한다. 행동적으로 도식은 우리가 특정한 익숙한 사건에 다가가게 해 준다. 이러한 인지적, 행동적 과정이 도식 유지(오랫동안 만들어진 도식이 우리 감각력의 보루로서 계속 유지되고, 우리가 생각하고 느끼고 행동하고 타인들과 관계를 맺는 방식에 영향을 미치고, 역설적이게도 우리에게 대부분 유해했던 아동기의 상황을 무의식중에 성인기의 삶에 재현하도록 하는 자기 영속화 방식)를 초래한다.

도식은 그 근원을 실제 아동기나 청년기 경험에 둔다. 그리고 더 큰 범위에서는 정확히 한 개인의 초기 환경의 분위기를 반영한다. 예를 들어, 한 환자가 우리에게 어렸을 때 그의 가족이 차

갑고 무정했다고 말한다면 그가 그의 부모가 애정을 보여 주거나 감정을 표현하는 데 어려움이 있는 이유를 잘 이해하지 못할지는 몰라도 대개 그의 말은 정확하다. 부모의 행동에 대한 그의 귀인은 틀릴 수 있으나 그의 근본적인 정서적 분위기에 대한 느낌과 그가 대우받은 방식은 대부분 항상 유효하다. 중요하게도 이러한 초기 환경은 어린아이나 청년이 거의 영향을 주지 못하는 상위에 있다. 그들은 특정한 정서적 분위기를 만드는 이들이 아니고 그들의 욕구가 충족되지 않은 이들이다.

이후의 삶에서 도식은 기능장애를 가져온다. 도식은 ① 인지적·정서적으로 모든 새로운 상황을 초기의 위험 경험과 전혀 다른 상황이라 할지라도 유사한 위험한 상황으로 만들고(현실에서는 그렇지 않을 때조차), ② 행동적·대인관계적으로는 영향력을 행사할 수 있거나 선택을 할 수 있는 상황과 다른 종류의 경험을 새로 만들어 낼 수 있을 때조차 그 개인이 특정한 종류의 환경이나 관계들을 유지하도록 이끌기 때문이다.

초기 부적응 도식과 부적응 방식은 환자들이 그것들에 대처하는 방법을 가르치며 종종 불안, 우울, 물질 남용과 신체화 장애와 같은 만성적 축1 증상의 기저를 이룬다. 또한 의존, 도피, 주의 추구 혹은 완벽주의와 같은 만성적 축2 증상의 기저를 이룬다. 도식은 인지적–정서적 특질이며, 그럼으로써 차원적이다. 즉, 각각 심각성과 만연성의 범위 안의 연속체다. 도식이 더 심각할수록 더 쉽게 활성화(촉발)되며 그 결과가 더 극심하다. 예를 들어, 어떤 개인이 초기에 빈번하고 극단적인 방식으로 발생하는 심각한 유기와 무시당함을 경험하고, 또 부모 모두가 그렇게 행동한다면, 그들의 유기와 정서적 결핍 도식은 많은 상황에서 촉발될 것이다. 결과적으로 그들은 대부분의 경우에 거절을 예상하고 매우 적은 증거로 그것이 현재의 상황에 존재한다고 지각하며, 그로 인해서 그들의 내부에서 생겨난 강렬하고 지속적인 고통 때문에 강하게 반응할 것이다. 대조적으로 어떤 개인이 아동기 이후에 일어난 상대적으로 가벼운 무시당함을 경험하고, 더 가벼운 수준으로 한 부모나 어떤(모두가 아닌) 동료만 그렇게 행동한다면 그들의 관련 도식은 덜 쉽게 촉발되며 더 온화한 반응을 만들어 낼 것이다. 결과적으로 오직 강하게 연관된 사건들(예: 양쪽 부모가 다 지나치게 독단적인 사람들로서 비판 혹은 무시)만이 그 도식을 촉발한다.

03

초기 부적응 도식의 분류

도식은 충족되지 않은 핵심 정서 욕구들에서 출현한다. 도식은 그 자체를 유지하고 영속화하기 때문에 계속해서 같은 욕구들이 성인기에 충족되는 것을 막는다. 이 장에서는 지금까지 밝혀진 열여덟 가지 초기 부적응 도식의 목록을 열거할 것이다. 가장 강력히 연결된 다섯 가지 영역의 미충족 핵심 욕구들에 따라서 그것들을 분류할 것이다. 이러한 영역은 가설적이며, 다양한 욕구를 조직화하기 위한 단순한 발견법으로서의 역할을 한다.

영역 1: 단절과 거절

첫 번째 영역은 안심, 안전, 안정성, 양육, 공감, 감정의 나눔, 수용, 존중의 기본 보편 욕구들의 방해와 관련된 도식들을 포함한다. 이 영역의 도식들은 종종 초기 가족환경이 분리되고 억제하고 냉담하고 거절적이고 폭력적이고 폭발적이며 예측할 수 없거나 학대적일 때 출현한다. 5개 도식이 이 영역과 관련이 있다.

1. 유기/불안정성

이 도식은 다른 사람들, 특히 지지와 접촉이 기대되는 사람들이 이를 제공하는 데 있어 불안정하거나 신뢰할 수 없고, 정서적 지지, 연결, 힘 혹은 실제적 보호를 지속해서 제공할 수 없을 것이라는 인식을 수반한다. 빈번하게 분노가 표출되는 가족환경, 변덕스럽게 등장하는 보호자, 혹은 떠나거나 너무 일찍 죽은 부모 모습은 이러한 도식의 흔한 전조다.

2. 불신/학대

이 도식은 타인이 자신에게 상처를 주고 학대하고 수치심을 주며 속이고 거짓말하고 조종하거나 이용할 것이라는 예상을 수반한다. 이는 일반적으로 피해는 의도적이거나 부당하고 엄청난 과실의 결과라는 인식을 수반한다. 다른 사람들과 비교해서 언제나 속아서 끝이 나거나 '손해를 본다'는 생각을 포함하고 있다.

3. 정서적 결핍

이 도식은 자신의 보통 수준의 정서석 시원에 대한 욕망이 충분히 충족되지 않을 것이라는 기대를 수반한다. 다음과 같은 세 가지 형태의 결핍이 있다.

① 양육 결핍: 관심, 애정, 온정 혹은 동료애의 부재

② 공감 결핍: 이해, 청취, 자기 공개 혹은 타인과의 상호 감정 교류의 부재

③ 보호 결핍: 힘, 지시, 타인의 보호의 부재

4. 결함/수치심

이 도식은 자신이 근본적으로 결함이 있고 나쁘고 불필요하고 열등하거나 존중받지 않거나 중요한 타인들이 실제의 자기를 보면 자신을 사랑하지 않을 것이라는 느낌을 수반한다. 이는 비판, 거절 그리고 비난에 대한 과민성; 자의식, 비교 그리고 주변 사람들에 대한 불안감; 혹은 그의 지각된 단점에 대한 수치심을 수반할 수 있다. 이러한 단점들은 아마 사적일 수도 있고(예: 이기심, 격렬한 충동, 받아들여지지 않는 성적 욕망), 공적일 수도 있다(예: 매력적이지 않은 신체적 외양, 사회적 미숙함).

5. 사회적 고립/소외

자신이 다른 세상, 특히 가족 외의 사회적 세계와 떨어져 있는 느낌이다. 이 도식을 갖고 있는 사람은 자신을 다른 사람들과 다르게 느끼며 또는 자신이 어떠한 집단이나 지역 공동체의 일부가 아니라고 느낀다. 이 도식 또한 이 영역의 나머지 네 가지처럼 충족되지 않은 욕구들(안전, 안정성 및 수용)을 반영하지만, 이는 보통 가정환경 밖의 사회적 배제로부터 생겨난다(이 사회적 배제의 출처는 양육환경으로 거슬러 올라갈 수도 있다. 사회화를 위한 격려의 부족,

그의 집이나 환경에 대한 강한 수치심, 혹은 가족 안에서 출현했지만 다른 상황들에도 일반화된 결함이나 사랑받을 능력이 없다는 느낌).

영역 2: 손상된 자율성과 수행

두 번째 영역은 자율성과 능력에 대한 기본 보편 욕구의 침해와 관련이 있다. 이는 분리, 생존, 독립적인 기능, 성공적인 수행과 관련된 자신의 능력을 잘못 지각하게 만드는 자기 자신 및 환경에 대한 기대를 지니고 있다. 아동이 자신감을 약화시키거나 과잉보호적이거나 자신이 가족 밖에서 수행한 것에 대해 강화받지 못하는 초기 가족환경에 놓여 있었을 때 이 영역의 도식들이 종종 출현한다. 네 가지의 도식이 이 영역과 관련 있다.

6. 의존성/무능감

이 도식은 다른 이의 상당한 도움 없이는 자신이 일상의 책임을 능력 있게 잘 수행할 수 없을 것이라는 믿음을 수반한다. 극단적인 경우에 개인은 자신을 돌보고, 일상의 문제를 해결하고, 바른 판단을 내리고, 새로운 임무와 씨름하고, 좋은 결정을 내리는 것을 할 수 없을 것이라고 느낀다. 다른 경우에 이러한 무기력감은 더 한정적으로 특정한 상황이나 장면(예: 중요한 전문적 결정을 하거나 배우자를 고를 때)에서 활성화될 것이다.

7. 위험/질병에 대한 취약성

이 도식은 파국이 곧 닥치며 언제나 생겨날 것이며 막을 수 없다는 과장된 공포를 수반한다. 예상되는 파국은 전적으로 외부에 있다. 그리고 다음의 하나 혹은 그 이상에 중점을 둔다. ① 의학적 파국(예: 심장마비, AIDS), ② 정서적 파국(예: 미쳐 가는 것), ③ 외적 파국(예: 엘리베이터 붕괴, 범죄자에 의한 희생, 비행기 사고, 지진).

8. 융합/미발달된 자기

이 도식은 충분한 개체화나 정상적인 사회적 발달을 희생하고 어떤 사람 혹은 중요한 타인들(종종 부모)과의 극단적인 정서적 몰입과 밀착을 수반한다. 이는 종종 곤란에 빠진 개인들 중의 하나는 적어도 타인의 지속적 지지 없이는 살아가거나 행복할 수 없다는 믿음을 수반한다. 이는 아마 타인 혹은 불충분한 개인 정체성에 의해 시달리거나 융합되는 느낌을 포함할 것이다. 이 도식을 가진 사람들은 종종 공허감과 가라앉는 듯한 기분, 혹은 극단적인 경우에는 자신의 존재에 대한 의문을 갖게 된다.

9. 실패

이 도식은 자신이 성취의 영역(학교, 직장, 스포츠 등)에서 실패했고, 필연적으로 실패하거나 근본적으로 자신의 동료들과 비교해서 부적절하다는 믿음을 수반한다. 이는 종종 자신이 머리가 나쁘고, 서투르며, 재능이 없고, 무지하고, 지위가 낮고, 다른 사람들보다 덜 성공적이라는 등의 믿음을 포함한다.

영역 3: 손상된 한계

세 번째 영역은 내적 한계, 타인에 대한 책임감 혹은 장기 목표 지향성의 부족과 관련된 도식을 포함한다. 이 영역의 도식들은 종종 다른 사람들의 권리를 존중하고, 그들과 협동하고, 약속을 지키고, 현실적인 개인적 목표를 설정하고 충족하는 데 어려움을 초래한다. 이 도식들은 허용, 지나친 방임, 지시의 부족 혹은 우월감으로 특징지어지는 초기 가정환경에서 종종 출현한다. 그러한 가족은 종종 적절한 직면, 규율 혹은 한계 설정이 부족하고 책임지기, 호혜적 태도로 협력하기 혹은 목표 설정하기와 같은 행동의 본보기를 보이지 않는다. 어떤 경우는 아이가 보통 수준의 불편함을 견디도록 기대되지 않았거나 적절한 감독, 관리, 지도가 주어지지 않았다. 두 가지 도식이 이 영역과 관련 있다.

10. 특권의식/과대성
이 도식은 자신이 타인보다 우월하며 특권과 특전을 받아야 하거나 보통 사회적 작용에 적용되는 상호성의 규칙에 규제받지 않는다는 믿음을 수반한다. 이 도식은 종종 그것이 실제적이든, 남들이 합리적이라 생각하든, 혹은 남들이 무슨 대가를 치르든 간에 그가 할 수 있어야만 한다거나 그가 원하는 모든 것을 가져야 한다는 무리한 주장을 수반한다. 어떤 경우에 이 도식은 힘이나 통제를 성취하기 위한(주로 주의나 인정을 위한 것이 아닌) 우월성에 대한 과장된 집중을 수반한다(예: 가장 성공한, 유명한, 부유한 사람이 되어야 하는 것). 가끔 이 도식은 타인에 대해 혹은 타인의 우위에 있으려는 과도한 경쟁을 수반한다. 이러한 여러 가지 방식 중 하나는 타인에 대한 공감이나 타인의 욕구 또는 감정에 대한 배려 없이 자신의 힘을 주장하거나, 자신의 관점을 강요하거나, 자기 자신의 욕망에 따라 타인의 행동을 통제하는 것이다.

11. 부족한 자기 통제/자기 훈련

이 도식은 개인적인 목표를 이루는 데 필요한, 자기를 통제하는 적절한 능력 및 좌절을 견뎌 내는 능력을 발휘하지 못하거나 발휘하지 않으려고 하며, 자신의 감정이나 충동을 조절하지 못하여 과한 표현을 하는 것을 수반한다. 경미한 경우에는 불편감을 회피하는 것을 지나치게 강조하기도 하는데, 고통, 갈등, 직면, 책임감, 노력 등을 회피하기 때문에 개인적인 성취, 헌신, 통합을 이뤄 내지 못한다.

영역 4: 타인 지향성

네 번째 영역은 자율성의 기본 보편 욕구의 충족에서의 결함과 관련된 도식들을 수반한다. 이러한 결함은 자기 자신의 욕구

를 희생하여 타인의 욕망, 느낌과 반응에 과도하게 중점을 두게
한다. 이러한 사랑과 인정을 얻으려는 욕구로 인하여 추동된 중
점은 유대감이나 소속감을 유지시키거나 보복을 피하게 해 준
다. 이러한 도식들은 보통 자기 자신의 정서, 욕구, 바람에 대한
관심의 억제나 부족을 수반하고 자기 결정이나 주장을 힘들게
한다. 이 도식들은 종종 아이들이 조건적인 긍정적 존중이나 조
건적 수용의 분위기에서 자랄 때 출현한다(아이는 사랑, 관심 혹
은 인정을 얻기 위해 자기의 중요한 부분을 억제해야 한다). 많은 사
례에서 부모의 정서적 욕구와 갈망(혹은 사회적 수용과 지위)이 각
아이의 독특한 정서와 욕구보다 더 높이 평가된 바 있다. 세 가
지 도식이 이 영역과 관련 있다.

12. 복종

이 도식은 개인이 분노, 보복 혹은 유기를 피하기 위해 그렇게 행
동하도록 강요된다고 느끼기 때문에 타인들에 대한 통제를 과도
하게 포기하는 것을 수반한다. 복종의 두 가지 주요 형태는 다음
과 같다.

① 욕구 복종: 자신의 선호, 결정과 욕망의 억제
② 정서 복종: 정서적 표현(득히 분노)의 억제

복종 도식은 대개 자기 자신의 욕구, 의견과 감정은 유효하지
않거나 남에게 중요하지 않다는 인식을 수반한다. 이 도식은 억

류된 느낌에 대한 과민증과 합쳐져서 과도한 굴종을 빈번하게 보인다. 이는 일반적으로 부적응적 증상(예: 수동-공격적 행동, 통제되지 않은 성미의 폭발, 정신신체화 증상, 감정의 철회, '행동화' 혹은 물질 남용)에서 보이는 분노를 증강시킨다.

13. 자기희생

이 도식은 자기 자신의 만족을 희생한 채 타인의 욕구를 충족하는 데 지나치게 집착하는 것을 수반한다. 이 도식과 일치하는 행동을 하는 가장 흔한 이유는 타인에게 고통을 줄 수 있는 행동을 피하고, 이기적으로 느낄 때 오는 죄책감을 피하거나 도움을 필요로 한다고 생각되는 타인과 유대감을 유지하기 위해서다. 이 도식은 종종 타인의 고통에 대한 과민성을 초래한다. 때로는 자신의 욕구가 적절하게 충족되지 않았다는 느낌을 갖게 하며, 이것이 자신이 돌봐 준 사람들에 대한 원망으로 이어지기도 한다.

14. 승인 추구/인정 추구

이 도식은 자기의 안전감과 진실감의 발달을 희생하고 다른 사람의 승인 및 인정 얻기나 다른 사람의 관심 혹은 그에게 맞추려는 것에 대한 과도한 강조를 수반한다. 이 도식을 가진 사람들은 자기존중감이 자기 자신의 타고난 기호보다는 주로 타인의 반응에 달려 있다. 이 도식은 때때로 인정 및 존경과 관심을 얻는 수단으로서 (힘이나 통제가 아닌) 지위, 외모, 사회적 수용, 경제력 성취를 과도하게 중요시한다. 그래서 중요한 결정을 해야 할 때 진실하지 않고 만족스럽지 못한 결정을 내리는 경우가 많으며 거절당하는 것에 상당히 민감하다.

영역 5: 과잉 경계와 억제

다섯 번째 영역은 자발성과 유희의 기본 보편 욕구의 침해와 관련 있는 도식들을 수반한다. 이러한 침해는 개인의 자발적인 감정, 충동 혹은 선택에 대한 억제의 과도한 강조로 초래된 것이다. 그것들은 또한 종종 행복, 자기 표현, 휴식, 친밀한 관계, 건강을 희생하고 경직되고 내재화된 법칙의 충족, 수행과 윤리적 행위의 기대에 부단한 관심을 두는 것으로 인한 것이다. 도식들은 엄격하고 요구적이고 처벌적인 가족 분위기에서 종종 생겨난다. 이러한 가족에서 수행, 의무, 본분과 규칙 중심적 행동은 종종 즐거움, 이완 혹은 유희를 압도한다. 아이들은 종종 그들의 감정을 숨기고, 실수를 피하고, 완벽을 추구하도록 기대된다. 항상 빈틈없고 조심하지 않으면 모두 무너질 거라는 비관주의와 걱정이 저변에 깔려 있다. 네 가지의 도식이 이 영역과 관련 있다.

15. 부정성/비관주의

이 도식은 긍정적이거나 낙관적인 부분은 최소화하거나 무시하는 반면, 일생 동안의 삶의 비관적 측면(고통, 죽음, 손실, 실망,

논쟁, 죄책감, 적의, 미해결 과제, 가능한 실수, 배신, 잘못될 수 있는 것 등)에 지속적으로 초점을 맞추는 것을 수반한다. 대개 직업, 재정, 대인관계의 다양한 영역에서 매사가 결국에는 심각하게 잘못될 것이며, 잘되고 있는 것처럼 보이는 부분도 궁극적으로는 망치게 될 것이라는 과장된 부정적 기대를 지니고 있다. 또한 실수를 하면 경제적으로 파산하거나 손해를 보거나 모욕을 당하거나 열악한 상황에 처하게 될 것이라는 지나친 공포를 가지고 있다. 잠재적으로 부정적인 결과를 과장하는 경향으로 인해 이 도식을 가진 사람은 걱정이 많고 늘 경계하며 불평이 많고 우유부단한 특징을 보인다.

16. 정서적 억제

이 도식은 대개 타인에게 승인을 받지 못하거나 부끄러움을 느끼거나 자신의 충동 통제력을 상실하는 것을 피하기 위해 자연스러운 행동, 느낌, 의사소통을 지나치게 억제하는 것을 수반한다. 억제의 가장 흔한 영역은 다음을 포함한다. ① 분노와 공격성의 억제, ② 긍정적 충동(예: 즐거움, 애정, 성적 흥분, 놀이)의 억제, ③ 취약성을 표현하거나 자신의 감정, 욕구 등을 자유롭게 표현하는 데 어려움을 느낌, ④ 정서를 등한시하고 이성을 지나치게 강조함.

17. 엄격한 기준/과잉 비판

이 도식은 대개 비판을 피하기 위해 매우 높은 내재화된 행동

이나 수행의 기준을 충족하도록 노력해야 한다는 믿음을 수반한
다. 보통 압박감을 갖거나 여유를 갖기 힘들다고 느끼는 것, 그
리고 자신과 타인에 대한 과도한 비판을 초래한다. 이는 언제나
즐거움, 휴식, 건강, 자기존중감, 성취감, 만족스러운 대인관계
등에서 심각한 손상을 보인다.

엄격한 기준은 전형적으로 다음과 같이 나타난다. ① 완벽주
의, 세부적인 것에 대한 과도한 집착, 혹은 규범과 비교하여 얼
마나 자신이 잘 수행하는지를 평가 절하하는 양상, ② 삶의 여러
영역에서 경직된 규칙과 의무감, 비현실적으로 높은 도덕적, 윤
리적, 문화적 혹은 종교적 규칙, ③ 시간과 효율성에 대한 집착,
더 많이 성취하려는 욕구.

18. 처벌적임

이 도식은 사람(자신을 포함하여)은 실수를 하면 엄하게 처벌받
아야 한다는 믿음을 수반한다. 이는 자신의 기대나 기준을 충족
하지 못하는 사람에 대해 분노하거나, 관용적이지 않고, 처벌적
이고 참을성 없는 경향을 수반한다. 이 도식은 어쩔 수 없는 이
유를 고려하거나 인간의 불완전성을 허용하거나 타인의 감정을
공감하기를 꺼리기 때문에 타인이나 자신이 범한 실수를 너그럽
게 용서하지 못하는 것을 포함한다.

04

대처 방식과 반응

왜 도식은 바뀌기 어려운가? 그 지속성을 어떻게 설명할 수 있는가? 한 가지는 도식이 저절로 영속하는 경향이 있다는 것이다. 사람들은 새로운 정보를 이해할 때 자신의 현재 도식에 의존하는 경향이 있다. 이는 Jean Piaget(1955)가 동화(assimilation)라고 부른 과정이다. 정보가 너무 모순되어서 기존의 도식에 동화되지 못할 때만 사람들은 어쩔 수 없이 조절(accommodation; Piaget, 1955)이라고 알려진 상호 보완적인 과정을 통하여 그들의 도식을 수정하려 한다. 따라서 도식은 선천적으로 보수적이다. 사람들은 모순되는 증거에도 불구하고 그들 자신, 타인, 세계에 대한 그들의 원래 관점을 고수하는 경향이 있다. 게다가 도식은 우리가 제공받는 정보를 여과한다(Beck, Freeman, & Davis, 2003; Young et al., 2003). 사람들은 그들의 도식에 부합되는 정보에 집중하며 부합되지 않는 정보는 무시하거나 묵살하는 경향이 있다. 예를 들어, 강한 결함 도식을 가진 새라는 그녀의 따뜻함, 배려, 충실, 관대함 때문에 그녀의 친구들이 그녀를 좋아함에도 실제로는 좋아하지 않을 것이라고 확신했다. 대신 그녀는 그녀의 단점에 집중했고, 다른 이들에게 받은 긍정적인 피드백은 무가치한 것으로 치부했다(예: '그들이 진짜 나를 잘 안다면 달리 생각할 것이다.').

사람들은 또한 의식적으로 혹은 무의식적으로 그들의 도식을 영속시키는 방식으로 행동하는 경향이 있다. 예를 들어, 우리와 다른 사람들과의 정서적·성적 화학 반응은 종종 우리 안에 있는 도식이 작동된 것에 근거하며, 그 반대의 경우도 마찬가지다(27장 참조). '나쁜 남자'나 '나쁜 여자'는 위험하고 유혹적이고 냉담하고 강렬하거나 흥분시키기 때문에 끌릴 수 있다. 이러한 높은 수준의 화학 반응은 도식의 반영일 수 있다. '완고하고 과묵한 유형'은 우리가 그나 그녀의 흉금을 털어놓게 하기를 원하기 때문에 매력적일 수 있다. 하지만 핵심은 이러한 끌림이 정서적 결핍 도식을 반영하는 것일 수도 있다는 것이다. 정서적 결핍 도식은 다른 사람들이 필연적으로 우리의 사랑, 애정과 관심에 대한 욕구를 무시할 것이라는 불안감을 뜻한다. 그래서 무의식적으로 정서적 결핍 도식을 강화시키는 냉담한 파트너, 유기 도식을 강화시키는 신뢰할 수 없는 파트너, 불신/학대 도식을 강화시키는 학대하는 파트너와 같이 도식들을 작동시키고 영속화하는 높은 화학 반응을 일으키는 파트너를 고른다.

결국 사람들은 그들의 도식을 강화시키는 방식으로 자신들의 도식에 대처하는 경향이 있다. 도식이 작동하면 그것은 두려움, 분노, 슬픔, 수치심, 죄책감과 같은 강한 감정을 유발한다. 사람들은 이러한 도식적 활성화에 도식 굴복자, 도식 회피 그리고 도식 과잉 보상의 세 가지 광범위한 방법이나 방식으로 대처한다. 도식 굴복자(schema surrender)는 그의 도식에 굴복하는 것을 의미한다. 도식 회피(schema avoidance)는 그의 도식을 촉발하는 사람들이나 상황들을 피하는 것을 의미한다. 도식 과잉 보상(schema overcompensation)은 그의 도식과 반대로 행동하는 것을 의미한다. Young 등(2003)은 대처 방식과 대처 반응을 구분했다. 대처 방식은 굴복자, 회피 혹은 과잉 보상을 사용하는 도식적 활성화에 대처하는 광범위한 경향성이다. 대처 반응은 이러한 광범위한 경향성이 나타나는 개별적인 방법들이다. 예를 들어, 회피 대처 방식은 회피 전략들이나 행동들의 다양한 유형에서 나타날 수 있다. 예를 들면, 불쾌한 것에 대한 생각을 피하고, 자신의 도식을 촉발하는 사람이나 상황을 피하고, 감정을 차단하기 위해 약물과 알코올을 사용하는 것 등이다. 그리하여 광범위한 회피 경향을 보여 주는 회피 대처 방식은 다양한 특정 회피 대처 반응에서 드러난다.

대처 방식과 반응은 어려운 삶의 환경에 적응하려는 시도로 대개 아동기에 생겨난다. 하지만 그들의 본래 적응적 가치에도 불구하고 결국 경직되고 부적응적이 된다. 예를 들어, 어린 소녀 주디스는 부모님이 싸울 때 방에서 책에 빠지는 것을 배웠다. 그녀의 독서를 이용한 처방은 다른 아이들처럼 환경을 좌우하기 힘든 당황스럽고 고통스러운 상황에 대한 적응적 반응이었다.

하지만 이러한 경향은 회피 방식으로 결정화되고 그녀의 도식을 강화했다. 회피 방식은 갖가지 상황에 효과적으로 대처하기 불가능한 스트레스나 정서적 상황을 피하고자 하는 일반화된 경향이다. 충족되지 않은 그녀의 유대감과 소속감(각각 정서적 결여와 사회적 고립 도식으로 발달되는)의 욕구는 그녀의 관계와 친밀감이 가능한 어떤 상황이든 피하려는 경향성으로 강화된다. 그녀는 타인이 그녀와 친해지는 것을 거절하고, 결국 다른 사람들이 그녀와 가까워져 잠재적 친구와 연인이 될 가능성을 저하시킨다. 그녀의 회피 대처 방식은 유아기의 고통스러운 상황으로부터 탈출하려는 이해 가능한 시도로 시작되었지만, 그녀의 정서적 욕구를 충족하기 어렵게 만드는 바로 그 도식을 강화하였다.

일부 성격장애 환자는 두드러진 대처 방식을 갖고 있다. 예를 들어, 회피성 성격장애 환자들은 회피 방식을 갖는 데 반해, 자기애적 성격장애 환자들은 과잉 보상 방식을 가장 두드러지게 사용한다. 하지만 대부분의 환자는 하나 이상의 대처 방식을 활용한다. 예를 들어, 자기애적 성격장애 환자들은 아마 자신보다 사회적 위계가 더 낮다고 느끼는 사람들에게는 지배적이고 거만한 양식(즉, 과잉 보상 대처 방식)을 가질 것이고, 자신보다 우월하다고 느끼는 사람들에게는 승인을 얻거나 불승인을 회피하기 위한 노력의 일환으로 굴욕적 태도로 행동할 것(즉, 굴복자 대치 방식)이다.

더군다나 대처 반응은 전 생애에 걸쳐 바뀔 수 있다. 예를 들어, 일부 경계선적 성격장애 환자들은 청년 시절에는 그들을 부당히 대우하거나 버리게 될 의지 및 신뢰 불가한 파트너를 선택한다. 따라서 그들은 무의식적으로 그들의 유기, 불신/학대, 결함과 정서적 결핍 도식들에 굴복하고 또 이러한 도식들을 강화한다. 고통스럽고 실패한 많은 관계를 경험한 이후, 이 환자들은 그들이 필연적으로 다시 상처받거나 다시 버려질 것을 확신하기 때문에 이러한 관계들을 모두 끊을 것이다. 이와 같이 근본 도식은 같음에도 불구하고 가장 두드러진 대처 방식은 굴복자에서 회피로 바뀐다.

성격장애의 심리도식치료 모델에 대처 방식을 결합한 것은 Beck 등(2003)과 같은 전통적 인지치료 이론들로부터의 이탈을 보여 준다. 전통적 인지 모델이 초기 부적응 도식의 개념과 상당한 유사성을 갖고 있는 '핵심 신념'에 중점을 둔 데 반해, Young 등(2003)은 동일한 도식의 개인적인 행동적 적응은 그들이 사용하는 대처 방식에 따라 각자 매우 다르다고 주장했다. 예를 들어, 결함 도식을 지닌 세 사람은 이 도식에 근본적으로 다른 방식으로 적응할 수 있다. 한 사람은 그의 근본적 열등 감정을 감추기 위해 오만하고 우월한 태도를 발달시킨다(과잉 보상 대처 방식). 두 번째 사람은 그의 열등감을 강화시키는 실패나 곤란에 그 자신을 맞춰 무의식적으로 그 자신을 파괴한다(굴복자 대처 방식). 세 번째 사람은 자신보다 더 성공적이거나 매력적이라고 여겨져서 그의 열등감을 촉발하는 상황이나 사람들을 회피함으로써 대처한다(회피 대처 방식). 이와 같이 심리도식치료 모델에서는 역기능적 도식과 부적응적 대처 반응의 조합이 성격장애의 개념적 핵심을 형성한다.

대처 방식의 개념은 특히 방어의 적응적 측면을 강조했던 소위 '자아심리학자' 혹은 '신프로이트 학파'가 고안한 정신역동 이론의 방어기제 개념과 유사성을 지닌다. 예를 들어, Karen Horney(1946)는 '타인을 향해 움직이기' '타인에 반대로 움직이기' '타인으로부터 멀어지기'의 세 가지 대처 책략을 설명했다. 이러한 대처 책략들은 대략적으로 심리도식치료의 굴복자, 과잉보상, 회피 대처 방식으로 대응된다.

하지만 Young 등(2003)의 공식화는 Horney 및 다른 자아심리학자들과 중요한 방식에서 다르다. Young 등의 모델은 정신역동적 방어기제 개념의 중심인 추동(성, 공격성)과 방어들 사이의 무의식적인 심리적 갈등의 개념에 근거하지 않는다. 게다가 그것은 억압의 힘을 통하여 무의식적이 되는, 용납될 수 없는 성적 또는 공격적 소망과 같은 심리적 내용들의 개념을 포함하지 않는다. 대신에 이 모델에서는 단지 그것들이 주로 의식적 자각 없이 발생하는 자동적 반응들을 나타낸다는 의미에서 도식들과 대처 방식들이 무의식적으로 촉발된다고 말한다. 이는 많은 정신적 처리과정이 무의식적이고 암묵적인 수준에서 발생한다는 최근의 인지 이론 및 연구와 일치한다(Uhlmann, Pizarro, & Bloom, 2008). 하지만 다른 인지심리학과 같이 Young 등의 모델에서는 억압적 경계로 의식화되는 것을 막는 무의식적 추동이나 바람의 소망이 없다.

Young 등(2003)은 위험에 대한 반응으로서 '싸우기' '도망치기' 또는 '꼼짝 않기'가 인간과 다른 살아 있는 생물체의 타고난 능력에 의해서 나타났던 것처럼, 과잉 보상, 회피 및 굴복자 대처 방식이 우리의 진화적 유산에 기원한다고 주장한다. Hans Eysenck와 Jeffrey Gray와 같은 진화심리학자는 외향성/내향성 (Eysenck, 1990)과 행동 활성화/억제(Gray, 1990)와 같은 성격 특질에서의 개인차가 우리의 생물학적 구성에 기원한다고 이론화했다. 이와 같이 과잉 보상과 회피와 같은 대처 방식은 아마 접근 혹은 회피에 대한 각각의 유전적인 생물학적 성향과 관련될 수 있다. 하지만 심리도식치료 모델에서는 대처 방식에서의 이러한 개인적 차이가 단순히 타고난 행동적 기제의 반영이 아니라고 본다. 인생 경험 또한 가령 모델링이나 강화를 통해 이러한 경향을 만들 수 있다. 예를 들어, 정서적으로 방치된 아이는 매력적이고 즐겁고 유혹적으로 구는 것으로 타인의 관심을 끄는 것을 학습하여 과잉 보상 대처 방식의 기초를 형성할 수 있다. 그 아이가 받은 관심은 외향성에 대한 자신의 선천적 경향성을 강화한다. 이와 같이 아이에게 발달되는 대처 방식은 타고난 생물학적 성향과 인생 경험 사이의 상호작용을 보여 준다.

05

대처 방식: 굴복자 반응

　굴복자 대처 방식은 자신의 도식에 종속되는 경향이 있다. 고통스러운 감정들로부터 전적으로 도피하거나 혹은 회피하는 과잉 보상과 회피 대처 방식과는 달리, 이 방식을 가진 사람은 도식으로부터의 고통을 직접적으로 느낀다. 하지만 굴복자는 도식과 맞서 싸우는 건강한 방식 대신 도식에 종속되어 수동적이고 무기력하게 굴복한다.

　굴복자 대처 방식은 아마도 가장 이해하기 어려운 대처 방식의 하나일 것이다. 왜 사람들은 도식의 굴욕에 의하여 정서적 고통이 증가될 때에도 그들의 도식에 굴복하는가? 사람들이 그들을 학대하는 사람들에게 끌리거나, 그들의 욕구가 만성적으로 충족되지 않아 온 관계를 지속하거나, 반성적으로 불만족스러운 활동을 지속하는 것은 반직관적으로 보인다. 하지만 일상생활에서뿐만 아니라 임상 장면에서도 굴복자 도식의 예를 빈번하게 볼 수 있다. 정신분석학에서는 이러한 현상들을 반복 강박이라 하며 과거의 심리적 외상과 연관시킨다. 현재의 기억 혹은 행동에서 고통스러운 과거 사건을 반복하는 강박은 그것을 억제하려는 시도로 보인다(Loewald, 1980). 다른 경우 정신분석학자들은 또한 몇몇의 자기 파괴적 행동을 성적 피학증(고통에서의 무의식적 쾌감)의 형태로 묘사하기도 한다(Freud, 1924).

반면 심리도식치료에서는 무의식적인 피학대 욕구를 가정하지 않는다. 심리도식치료의 관점에서 굴복하는 사람은 단순히 그들의 정서적 욕구를 만족시키는 것을 방해하는 패턴들에 갇혀 있는 것이다. 그들의 도식은 그들이 보는 고통스러운 상황들을 왜곡해서 더 건강한 대안을 찾는 것을 어렵게 만든다. 게다가 사람들은 자신의 도식들에 굴복할 때, 자기보다 더 강인하고 자기확신을 하는 것으로 여겨지는 다른 성인들과의 관계에서 거의 아이와 같이 느끼고 행동하며 수동적이고 고분고분하거나 남에게 의존하는 역할을 함으로써 그들의 도식에 대처한다. 이러한 행동은 일시적으로 그들이 보다 안전하게 느껴지도록 하지만 결국은 더욱 비참하게 느껴지도록 할 것이다.

예를 들어, 폴린은 사회 상황에서 강한 수치심과 열등감을 느꼈다(결함/수치심 도식). 그녀는 어색하고 지루하게 느껴지는 사회적 집단에 있는 것을 두려워했다. 그녀는 남들은 당연하게 지니고 있는 사회적 기품이 자신에게 부족하다 느꼈다. 그녀는 언제나 본의 아니게 잘못 말하고 행동하며 당황해서 얼굴을 붉히고 침묵에 빠진다. 그녀는 그러한 것들을 직면한 후 긴 시간 동안 자신의 행동을 검토하고 수치스러운 순간들을 회상하며 위축

될 수밖에 없었다. 그녀는 자신의 도식에 굴복하는 대처 방식을 택했다. 그녀는 결함 도식과 싸우는 대신, 사회적인 만남에서 더 많은 열등감과 굴욕을 느끼며 자신의 도식에 굴복했다.

폴린의 남자친구는 그들의 관계를 지배했다. 표면상으로는 자신 있고 심지어 교만하게 보이지만 그 역시 그보다 더 불안정한 상대자를 고르는 것으로 과잉 보상하는 결함 도식을 갖고 있었다. 남자친구는 가끔 그녀가 기분이 나쁠 때 안심시키고 충고를 하며 보호적 부모의 역할을 했다. 그녀는 자신이 그러한 결정을 혼자 하는 데 무능함을 느꼈기 때문에 저녁을 먹으러 어디로 갈지, 어떤 영화를 보러 갈지와 같은 사소한 결정을 내릴 때조차 그에게 의지하게 되었다(의존/무능감 도식에 굴복). 어떤 때 남자친구는 폴린의 안심시켜 줄 것에 대한 끊임없는 요구에 참을성을 잃고 그녀를 꾸짖었으며, 그녀로 하여금 자신이 그에게 부담스러운 짐이 된다는 고통으로 울게 하곤 했다. 이러한 여러 가지 방법으로 폴린의 굴복자 대처 방식은 그녀의 결함, 무능 도식을 강화했다.

굴복자 대처 방식은 종종 '타인 지향' 영역 도식들, 즉 인정 추구, 자기희생, 복종 도식과 연관된다. 이러한 도식들을 가진 사람들은 그들 자신의 욕구는 배제한 채 과도하게 타인의 욕구에 중심을 둔다. 그들은 종종 이러한 도식들에 굴복함으로써 대처한다. 즉, 다른 사람의 인정을 얻기 위해 너무 열심히 일하고, 그들 자신의 욕구를 희생한 채 타인에게 너무 많은 것을 주고, 타인의 요구에 그들 자신을 복종시킨다.

06

대처 방식: 회피 반응

회피 대처 반응들은 자신의 도식을 유발하는 사람이나 상황에 대한 회피와 관련이 있다. 어떠한 사람들의 경우는 특히 그들이 필요한 사랑을 얻고, 업무에서 만족을 성취하고, 일상생활의 활동들로부터 기쁨을 얻는 그들의 능력을 유의하게 방해하는 회피 대처 방식들이 매우 만연해 있을 수 있다. 40대 후반 여성인 클라라는 젊은 시절 법률을 공부했다. 그녀는 매우 심하고 엄격한 기준 도식을 가졌고, 수업의 전 과목에서 A 이하를 받는 것은 실패라고 느꼈다. 그녀는 오직 공부에만 집중하기 위하여 어떠한 종류의 사회적 접촉이나 즐거운 활동도 피하였기에 그녀의 로스쿨 동료들과 비교해 너무도 긴 시간을 공부에 투자했다. 그녀는 전 과목에서 A를 받는 목표는 달성했지만 비싼 값을 치렀다. 2년의 힘든 기간 이후 그녀는 소진되었고 로스쿨을 중도에 그만두어야만 했다. 이 실패 이후 그녀가 느끼는 수치심은 극심했다. 업무로 돌아갔을 때, 그녀는 기술적인 문서를 편집하는 데 법적

보조자로 일하는 힘들지는 않지만 매우 지루한 직업을 골랐다. 그녀는 자신의 직업을 몹시 싫어했지만 그곳에서 10년 동안 있었다. 그녀는 종종 다른 직업을 찾아 떠나는 이야기를 했지만 그녀가 로스쿨에서 경험했던 것과 같은 또 다른 실패로 이어질 수 있는 위험을 감수하는 것이 무서웠다. 그녀는 오래전 애정관계가 야기하는 고통 때문에 그것을 포기하겠다고 맹세했다. 그녀는 친구가 거의 없었고 지속적인 보호와 관심이 필요한 장애인 자매와 살았다.

이와 같이 클라라는 그녀 삶의 거의 모든 부분에 배어 있는 지나친 제약으로 나타나는 회피 대처 방식을 갖고 있었다. 그러한 제약이 그녀를 꽤 비참하게 만들지라도, 그녀는 마음속으로 만약 그녀가 모험을 하면 필연적으로 일어날 것이라고 믿는 고통보다 그것을 더 선호했다. 그녀는 결함, 실패와 엄격한 기준의 도식을 활성화할지 모르는 모든 상황을 회피했다.

회피 대처 반응들은 위의 예와 같이 만연해 있거나 심각하지 않더라도 매우 흔하다. 그것들은 종종 전적으로 그렇지는 않지만 단순공포증, 사회공포증, 광장공포증과 같은 불안장애 및 DSM-IV(APA, 2000)의 축2의 C군 성격장애(예: 회피적, 의존적, 강박적 성격장애)에서 나타난다. 하지만 회피 대처 반응들은 축1이니 축2의 어떤 장애와도 밀접하게 연관될 수 있다.

종종 간과되는 회피 반응들의 특징은 그것이 얼마나 바뀌기 어려운가 하는 것이다. 그 주요한 원인은 회피 대처 반응들은 부적 강화(negative reinforcement; Skinner, 1953)로 알려진 조작적

조건형성의 형태를 통한 자기 강화라는 것이다. 부적 강화에서 행동은 공포 상황으로부터 탈출하거나 피할 때 강화된다. 회피 대처 반응들은 일시적으로 도식 활성과 관련한 불쾌한 감정을 줄여 주고 안도감을 준다. 하지만 두려움이나 고통에서의 이러한 일시적인 중단은 또 다른 중단을 만들어 내는 동일한 회피 행동을 보상함으로써 영속되는 것이다. 즉, 회피 대처 반응들은 단기적으로는 불안을 줄여 주지만 장기적으로는 회피 행동과 불안을 강화시킨다.

회피 대처 방식을 가진 사람은 행동적 회피뿐 아니라 인지적 회피도 한다(Borkovec, Alcaine, & Behar, 2004). 그들은 아마 그들의 도식을 일으킬 수 있는 상황을 생각하거나 기억하는 것을 피할 것이다. 예를 들어, 아이라는 그의 가족과 멀리 떨어져 살았고 명절에도 거의 만나지 않았다. 그는 가족 모두가 어떤 즐거움도 없는 우울한 상태에서 성장하였다고 이야기하였다.

사실 그는 자식들을 거부하는 아버지, 아이들의 감정적 욕구에 집중하기보다는 가정을 꾸려 나가는 세세한 것에 너무 집중한 어머니로 인해 강한 정서적 결핍 도식을 갖고 있었다. 아이라는 과거에 머무를 수 있기 때문에 그의 부모님과 형제들에 관해서 많이 생각하지 않아야 한다고 주장했다. 그는 산악자전거를 타거나 좋은 와인, 고급 음식과 화려한 파티의 호화로운 라이프스타일로 지내는 것과 같은 즐거운 활동으로 그의 시간을 채우는 것을 선호하였다. 안정적이고 잘 보살피는 여성을 만났을 때, 그는 사랑에 빠지기 시작했다. 하지만 그녀가 아이를 갖고 싶은 자신의 바람을 언급하자 그는 빠르게 그 관계를 깼다. 50세가 되었을 때 그는 여전히 부정적인 부분을 깊이 생각하는 것은 무의미하다고 느끼며 쾌락을 즐기는 미혼 남성이었다. 이와 같이 그는 가족을 방문한다든가 헌신적인 관계를 만드는 것과 같은 그의 도식을 유발하는 상황을 피할 뿐 아니라 만연한 인지적 회피를 하였다. 그는 즐거웠던 많은 과거 시간으로 주의를 돌림으로써 고통스러운 감정을 유발하는 어떠한 생각이나 회상을 빨리 몰아내 버렸다. 그리하여 아이라의 회피는 임시적으로 그의 내면의 고통으로부터 주의를 돌리게 했지만 내면의 외로움과 공허감은 남아 있었다.

07

대처 방식: 과잉 보상 반응

과잉 보상 반응은 도식과 '반대로 하기' 시도를 의미한다. 방치된(그리고 정서적 결핍 도식을 발달시켜 온) 아이는 매력적이고 관능적이거나 연극적이 됨으로써 타인의 관심을 받는 방법을 배울지도 모른다. 깊은 수치감이나 무가치함을 느끼는 아이(결함/수치심 도식)는 남보다 더 열심히 하여 성공하려 애쓰거나 그가 정상에 도달하도록 조력하는 지배적이고 저돌적인 스타일을 발달시킬지도 모른다. 왕따나 학대를 당한 아이는 강인함의 허울 뒤에 그녀의 두려움(위험에 대한 취약성 도식)을 숨기기 위해 스스로를 괴롭히게 될지도 모른다.

과잉 보상 반응은 많은 B군 또는 연극성 성격장애 환자의 주요한 특성이다. 자기애적 성격장애는 아마 과잉 보상 방식의 전형일 것이다. 자기애적 성격장애를 가진 이들은 지위, 아름다움이나 성공에 사로잡히며 그들 자신을 우월하거나 특별하게 바라보며 평범하게 보이는 타인을 깔본다(Ronningstam, 2009). 많은 이론가는 자기애적 개인들이 공허함, 외로움이나 열등감의 기저 감정을 과잉 보상하기 위한 수단으로 과대한 자기 이미지를 발전시킨다고 추측해 왔다(Ronningstam, 2009; Young & Flanagan, 1998). 이러한 개인들은 종종 부모 자신의 이기적인 욕구를 충족하기 위해 아이들을 이용하는 대신 아이들의 기본적인 정서적 욕구를 무시하는 부모에게서 키워졌다고 보고한다. 따라서 아이들은 외형의 지위, 화려함이나 성취에 비정상적으로 중요성을 두게 되지만 동시에 내면의 공허함이나 열등감을 느낀다.

과잉 보상 방식은 부유하고 화려한 집단에 진입하였던 성공한 부동산 중개인인 해리의 경우 매우 극명하게 보인다. 해리의 삶은 일련의 사회적 행사였다. 새 여자친구가 그의 삶에 들어왔을 때, 그녀는 처음엔 종종 이러한 면을 흥미롭게 보았지만 결국 해리가 그들 자신의 관계에 엄격한 제한을 두는 것을 알아차리게 되었다. 그는 그의 바쁜 일정 때문에 그녀를 주말에만 보았다. 그는 주중에 전화를 하면 짜증을 냈고, 결국은 그녀가 그렇게 하는 것을 금했다.

해리의 취약한 부분이 분명해지기까지는 오랜 시간이 걸렸다. 그는 자신의 외모에 지나치게 관심을 가졌다. 그가 사람들 앞에 나설 때는 모든 머리칼이 깔끔하게 정리되어 있어야 했다. 사실 그는 실제도 실패하거나 거질당하는 깃을 매우 걱정했다. 그는 주기적으로 그의 일이 잘 풀리지 않을 때 매우 우울해했다. 해리가 그의 감정을 여자친구와 나눌 때도 있었지만 그런 일은 거의 없거나 아주 드물었다. 보통 그는 그녀의 단점을 가차 없이 비판하고 냉정한 거리를 유지했다. 마침내 그녀는 남자친구의 오만함, 감정적 무관심과 과도한 통제에 지쳐 갔고, 결국 두 사람의 관계는 깨졌다.

이 사례는 과잉 보상 사용(우월하고 오만하며 타인을 평가 절하하는 태도를 가짐)으로 외로움이나 열등함의 감정을 보상하려는 자기애주의자의 시도(하지만 대부분 실패함)를 보여 준다.

과잉 보상 반응들은 일시적으로 도식과 연결된 정서적 고통을 경감시킬지 모른다. 하지만 그것이 도식을 치유하지는 않는다. 과잉 보상자는 새로운 성취를 경험한 이후 세상의 중심에 있다고 느낄지 모르나 기저 도식은 여전히 남아 있다. 과잉 보상 방식의 환자들은 흔히 반대가 진실이라고 믿는다. 예를 들어, 자기애적인 변호사인 제이슨은 그의 심리치료자에게 그의 모든 문제는 돈을 충분히 벌어서 여생을 골프를 하며 보낸다면 다 해결될 거라고 말했다. 하지만 자기애적 개인은 심각한 실패나 실망을 겪을 때 그들의 도식이 유발될 수 있고, 그들의 과대성 과잉 보상 특성은 노출된다.

과잉 보상 반응의 또 다른 형태는 과도한 통제다. 자기애적 과잉 보상에서 통제에 대한 과도한 요구는 도식의 과잉 보상의 방식으로 발달한다. 예를 들어, 저명한 외과의사인 에드거는 병으로 부모님 모두를 어릴 때 잃었다. 그는 빨리 어른이 되어야만 했고 어린 나이에 책임을 지는 방법을 습득하였다. 어른이 되자 다른 이들은 종종 그를 '모든 것을 자기 마음대로 하려는 사람'이라고 묘사했다. 그는 깔끔함과 정돈에 집착했다. 그는 누군가 그의 책상의 종이 더미를 옮기거나 그가 신중히 계획한 일상을 망치면 불안해졌다. 그는 매우 의욕이 넘쳤고 많이 상처 입었으며 자발성이 부족했다. 그는 병원의 외과과장이 되었다. 그의 정돈에 대한 애호와 세부 사항에 대한 주의집중, 완벽주의는 그를 이러한 힘든 일에서 성공하도록 도왔다. 그와 동시에 그의 통제성과 쉽게 만족하지 않는 천성은 그의 동료들을 미치게 했다. 결국 그의 결혼생활은 그의 일중독 때문에 깨졌다. 이와 같이 그의 과잉 보상 방식은 적응적인 면과 부적응적인 면 모두를 갖고 있다. 그것은 그를 직업에서는 성공하게 했지만 매우 높은 대가를 치르게 했다. 그의 과도한 통제는 유기와 위험에 대한 취약성 도식에서 유래하였다. 즉, 무서운 질병이나 다른 재앙이 언제든지 발생해서 그를 외롭고 무기력하게 만들 것이라는 예상은 정말 그가 그에 대한 대처 준비가 안 된 나이에 부모님을 잃었을 때 갖게 되었다. 그의 과도한 통제는 그의 환경을 완벽히 통제하는 것을 유지함으로써 그러한 참사가 일어남을 막기 위한 시도였다.

폭력 또한 과잉 보상의 한 형태로 쓰일 수 있다. 학대 또는 왕따를 당한 아이는 학대 또는 왕따를 하는 자의 역할을 함으로써 보복할지도 모른다. 폭행으로 수감된 라이언의 사례는 그 과정을 보여 준다. 그는 그의 아버지에게 아동기와 청소년기 동안 잔혹하게 폭행당해 왔다. 결국 낳은 폭력을 참아 낸 끝에 그는 불시에 아버지를 잡고는 갑자기 반격하였고, 그를 무자비하게 때렸다. 그는 때리고 강탈할 피해자를 찾아 거리를 배회하는 비행청소년 범죄 조직에 들어가게 되었고, 그곳에서 강하고 안전하다

고 느꼈다. 심리도식치료 동안 그를 지배하고 있는 타인에 대한
불신(불신/학대 도식)은 분명하게 드러났다. 결국 처음 몇 년간은
불안(그의 아버지와 겪었던 두려움과 연결된 감정)을 느끼기 시작했
다. 그의 공격성이 과잉 보상 기능을 제공한 것이다. 이것이 그
가 어린아이일 때 겪었던 무서운 취약성으로부터 그를 지켜 주
었다.

08

상태로서의 도식 양식(상태 대 특성 구분)

　심리도식치료의 진화에서 주요 발전은 양식(mode) 개념의 도입이다. 양식은 특정한 때에 개인에게 작동하는 두드러진 정서 상태, 도식 그리고 대처 반응을 말한다. 그 정의상 양식은 일시적인 상태다. 이는 특성(사람의 안정적인 기질)과 같이 생각될 수 있는 도식과 대비된다. 어떤 주어진 상황에서 사람은 우세하게 하나의 특정한 양식을 갖고 있다. 사회 인지 용어에서는 그러한 양식이 작동하는 자기 개념(점화되거나 그 순간 작동하는 그 사람의 자아나 정체성 부분)이라 생각된다. 그것은 주위 세상을 예상하고 바라보고 반응하는 방식을 결정한다. 네 가지 주요 양식 유형은 다음과 같다.

　① 아동 양식
　② 부적응적 대처 양식
　③ 역기능적 내재화된 부모 양식

④ 건강한 성인 양식

우리는 이어지는 장들에서 이들 양식에 대해 자세하게 기술할 것이다. 개인 상처의 중심이고 치료에서의 핵심 목표인 취약한 아동 양식(9장)에 각별한 관심을 기울였다. 10장에서는 자주 치료의 대상이 되는 다른 아동 양식(즉, 분노하고 충동적인 아동 양식)을 다룬다. 11장과 12장에서는 각각 부적응적 대처 양식과 내재화된 부모 양식에 대해 논의할 것이다. 마지막으로, 13장에서는 두 가지 건강한 양식(건강한 성인과 만족한 아동 양식)을 함께 다룰 것이다.

모든 사람은 그들의 하루 또는 일주일 동안, 그리고 분명히 그들의 일생 동안 다양한 양식에 있을 가능성을 지녔다. 우리를 구분 짓는 것은 특히 보편적인 구체적 양식들과 한 양식에서 다른 양식으로 이행하는 방법이다.

극단적으로 양식들은 서로 거의 완전히 관련이 없을 수 있어서 해리성 정체장애의 임상적 양상으로 이어진다. 몇몇의 성격장애는 덜 극단적이지만 여전히 병리적인 양식들 간의 분열 수준에 있다. 실제로 양식 개념은 특정한 환자(특히 경계선적 성격이나 자기애적 성격의 특성을 지닌 이)의 인식 이후에 처음 소개되었다. (안정적이고 만연한) 기질적인 도식들은 (불안정하고 일시적인) 보다 빨리 변화하는 증상의 많은 부분을 설명할 수 없었다. 이러한 성격 특성을 가진 환자는 다양한 감정 상태에서 어느 정도, 외적 혹은 내적 계기에 대응한 양식들 사이를 왔다 갔다 하는 빠르고 빈번한 강렬한 변동을 경험했다. 양식들은 이러한 상태들을 명명하는 방식으로 소개됐으며, 마침내 임상적으로 다뤄지게 되었다.

더 많은 환자가 다양한 상태에서 불안정하다고 특징지어질수록 양식 연구에 대한 더 많은 여지가 생겨났다. 하지만 양식 개념과 이를 사용하는 기술은 단순히 성격장애 환자 치료뿐만 아니라 심리도식치료에서도 필수적인 부분이 되어 왔고, 현재 일반적인 도식 작업과 유동적으로 융합되었다(19장과 24장 참조).

건강한 사람 또한 양식들 사이를 왔다 갔다 한다. 하지만 통합된 자기 개념을 유지함과 동시에 양식들의 융합(하나 이상의 양식을 동시에)을 경험할 수 있다. 그들은 양식 사이를 이동할 때 급격히 하지 않고 점차적으로 한다. 그들은 또한 그들의 양식들을 인식하고 인정하는 데 어려움을 덜 느낀다. 예를 들어, 건강한 사람은 그들이 취약한 아동 양식에 있다고 인식할 때 "난 더 속상하고 자신 없음을 느껴 오고 있어."라고 말할 수 있다. 그리고 아마도 그 순간의 그 양식을 상승시키는 촉발 요인들을 식별할 수 있을 것이다.

다시 말해서, 심리도식치료는 이러한 관점에서 병리를 건강하게 기능하는 것과 질적으로 다르다고 보지 않는다. 모든 사람은 그들 자신에 대해 다른 면을 갖고 있나. 모든 사람은 다양한 양식을 지니고 있다. 심각한 병리에서 상실된 것은 이런 양식들의 균형을 맞추는 능력, 그들의 경쟁 방식과 충동을 조절하는 능력, 그들 사이를 끊어짐 없이 이동하는 능력이다.

09

상처받은 마음속: 취약한 아동 양식

임상에서 고려해야 할 가장 첫 번째의 그리고 아마 가장 중요한 양식은 취약한 아동 양식이다. 이것은 대개 대부분의 핵심 도식이 경험하는 양식이다. 취약한 아동 양식에 있을 때 우리는 자포자기하거나 상처받은 아이들과 같다. 우리는 아마 슬프고 희망이 없거나 불안하고 압도되며 무기력하게 보일지 모른다. 이름이 암시하듯, 우린 종종 약하고, 상처받기 쉽고, 위험에 노출되어 있으며 무방비하다고 느낀다. 취약한 아동 양식은 생존을 위해 어른의 돌봄이 필요하지만 그러한 돌봄을 받지 못한 시기의 유물이다.

취약한 아동 상처의 세부적 본성은 그들의 우세한 도식에서 충족되지 못했던 요구에 따라 결정된다. 세부적 본성에 기초하여 '취약한 아동'보다 더 구체적인 이름을 그 양식에 사용할 수 있을 것이다. 예를 들어, 아동이 종종 혼자 방치되었거나 존재를 예측할 수 없는 부모상을 가졌다면 유기 도식이 우세할 것이고,

'유기된 아동'으로서의 취약성을 언급할 수 있다. 이러한 경우에는 외로움, 슬픔 그리고 고립이 주요 감정일 것이다. 만약 아동이 직접적 학대나 폭력의 대상이었다면 불신/학대 도식이 우세할 것이고, 취약성은 '학대받은 아동'이라고 부르는 형태를 가질 것이다. 이러한 경우에는 두려움의 감정, 나약함 그리고 희생이 주요 감정일 것이다.

취약한 아동 양식의 다른 형태들(예: 박탈된 아동, 결함이 있는 아동, 상실된 아동)은 다른 우세한 도식들(각각 정서적 결핍, 결함 그리고 융합 도식)을 반영한다. 사실 대부분의 도식은 취약한 아동 양식의 부분이다. [가능한 예외는 행동화 행동들과 더 연결되어 있는 도식들, 즉 특권의식과 불충분한 자기 통제다. 이들 도식은 충동적 아동 양식(10장 참조)과 더 깊이 연결되어 있다.] 취약한 아동 양식은 대부분의 도식을 '유지'하기 때문에 이를 도식 작업을 위한 핵심 양식으로 생각한다.

심리도식치료의 궁극적 목적은 비록 과거에는 그것이 충족되지 않았지만 성인이 그들 자신의 욕구를 충족하도록 돕는 것이다. 취약한 아동 양식은 충족되지 않은 욕구와 그것의 정서적 결과의 가장 명확하고 명백한 징후를 제공한다. 따라서 이 양식에 가장 관심을 가지고 접근하고 조력해야 한다. 간단히 말해, 우린 취약한 아동 양식을 치료하고 환자가 점차 그들 스스로에게 그러한 자기 양육을 제공하는 것을 가르치려 노력하고 있다.

중요한 것은 취약한 아동 양식의 양육과 그것이 요구하는 양식에 접근하는 것은 종종 성취하기가 꽤 어렵다는 것이다. 이 양식에 내재하는 취약성과 고난의 경험은 고통스러우며, 환자들은 종종 그 양식을 피하거나 대항하기 위해서 많은 노력을 쏟는다. 가장 흔하게 환자는 그 양식으로부터 도피하기 위해서 어떤 대처 행동에 관여할 것이다(11장 '부적응 대처 양식' 참조). 대신에 환자는 내재화된 부모 양식에 자동적으로 되돌아가서 취약성에 반응하고 악화될 수도 있다(12장 '내재화된 부모 양식' 참조).

   얄궂게도, 이러한 부적응적 대처 노력과 반응은 오로지 고통을 증가시키고 연장시킨다. 심리도식치료자의 역할은 환자가 수용할 수 있도록 완곡하게 격려하고 취약성을 치워 버리기보다는 그것을 인식하고 경험하는 반직관적인 과정에 참여하게끔 하는 것이다. 만약 취약성이 계속해서 숨겨져 있거나 모호하다면 그러한 과정이 일어나지 않은 것이다. 즉, 도식은 환자가 취약한 아동 양식 안에 있지 않는 한 치료될 수 없다. 만일 그 표면에 가 닿는 것이 허용된다면 그에 대한 더딘 처리과정이 일어날 수 있다.

   23장에서 27장까지 취약한 아동의 접근에 중점을 두는 임상 기법들(특히 24장에서는 취약한 아동 양식에 접근하기 위하여 상상을 사용함)을 자세하게 언급한다. 본질적으로 이러한 모든 기술은 다음 세 가지 과정에 따라 작동된다.

① '슬픔'과 '나쁨'을 구별하고 더 주요한(1차적) 감정에서 자기비판과 자기비난(2차 감정)을 분리시킨다.
② 그 욕구를 충족되게 하는 선행 단계로서 충족되지 않은 욕구를 인식하고 표현한다.

③ 욕구를 충족케 하는 과정을 치료 안에서부터 시작한다(즉, 치료자의 재양육)

다른 대부분의 양식과 비교하여(즉, 분노하고 충동적인 아동과 같은 아동 양식, 분리된 보호자나 순응하는 굴복자와 같은 부적응 대처 양식, 처벌적인 부모와 같은 부적응적인 내재화된 부모 양식) 취약한 아동은 개입하기에 건강한 양식이다. 건강하다는 용어가 이 경우 이 양식에서 경험하는 극심한 고통 때문에 혼란스러워 보일 수 있다. 하지만 심리도식치료에서 (종종 고통스러운) 취약성의 경험은 궁극적으로 도식들을 치료하고 한 개인의 욕구를 만족시킬 수 있는 수용성을 지니는 데 필수적이라 본다.

취약한 아동 양식에 대한 마지막 논점은 그 아동의 연령대와 관련되어 있다. 환자들이, 그들이 이 양식일 때 몇 살인지(혹은 몇 살로 느끼는지) 알아차리도록 조력하는 것이 유용하다. 보다 강력한 환자들을 치료할 때는 많은 도식(양식이 아닌) 기법들을 더 사용할지도 모른다. 취약한 아동은 아마 성장한 아동이거나 초기 청소년일지도 모른다. 대조적으로 경계선적 성격장애 환자들의 취약한 아동은 종종 통상적으로 훨씬 어린 연령대로 2~4세다. 취약한 아동의 연령은 인지적 능력, 감정을 말할 수 있는 능력, 그리고 가상 중요하게는 좌절된 욕구의 종류 내에서 나타난다. 예를 들어, 매우 어린아이가 대상영속성이 부족하면 양육자가 없을 때 자기 위로나 자기 규제 행동을 할 수 있는 능력이 없을 것이다. 그들은 기억을 불러일으키거나 미래를 예상하는 능력이 거의 없다. 대신 그들은 그들 삶이나 치료 회기에서 어떤 것이든 그때 생겨나는 강렬한 감정과 충동적인 행동을 느끼고 반응하며 종종 현재 사건에 따른 세파에 시달린다.

10

분노하고 충동적인 아동 양식

분노한 아동 양식

분노한 아동 양식은 분노를 느끼고 표현하거나 충족되지 않은 핵심 욕구 때문에 격노한 사람의 단면이다. 분노한 아동 양식은 통제되지 않거나 불완전하게 통제되거나 분노를 표출할 때 분명히 나타난다. 극심한 징후는 비명, 고함, 욕하기, 물건 던지기, 물건 치기 또는 부수기다. 덜 극심한 징후는 화를 내거나 흥분한 얼굴 표정 또는 신체 언어를 보이거나 큰 소리 또는 화난 목소리로 이야기하는 것이다. 이러한 반응들은 종종 그것을 유발하는 사건들과 균형이 맞지 않아 보이며, 대부분 어느 정도의 도식 관련 왜곡을 포함한다. 종종 그 현상은 불공정함이나 부당힘을 느꼈을 때 그에 대한 감정 폭발을 포함한다. 예를 들어, 환자가 치료자가 회기에 늦게 도착한 것에 대해 매우 화를 내거나, 남편이 아내가 자신을 모욕하였다는 것에 분노하거나, 근로자가 상사가 자신에게 고마워하지 않았다는 것에 이성을 잃고 비난하게 된다. 많은 경우에 이러한 부정적 인식은 진리의 핵심을 포함하고 있고, 부정과 불공정의 한 부분에 기초하고 있다.

분노한 아동 양식은 초기의 정서적 욕구들이 지속적으로 좌절되었거나 충족되지 않은 환자의 부당한 대우(불신/학대 도식), 유기(유기 도식), 방임(정서적 결핍 도식)이나 굴욕(결함/수치심 도식)의 느낌에서 유발될 것이다. 분노한 아동 양식은 또한 특권의식을 지닌 환자의 좌절감이나 성급함(특권의식 도식), 혹은 유아기에 설정된 부적절한 한계나 버릇없게 키워짐에 기인한 자기 통제의 부족함(부족한 자기 통제/자기 훈련 도식)으로 유발될지도 모른다. 그러한 개인은 그들의 욕구나 갈망의 즉각적인 만족감이 거부되면 분노한 아동 양식으로 바뀔지도 모른다.

분노한 아동 양식이 촉발되면, 그 사람은 움켜쥔 주먹, 새빨간 얼굴, 발 쿵쿵거림 등과 같이 분노발작을 하는 것으로 보일 수 있다. 결과적으로 그러한 반응은 종종 역효과적이다. 그들은 타인에게 유치하고 부적절하거나 혹은 타인을 협박하거나 겁먹게 하는 것으로 여겨진다. 그리고 이러한 반응은 대인관계와 직장에서 부정적인 결과를 가져올 수 있다. 반면에 건강한 분노 표현은 적절한 한계 내의(허용치가 있는) 분노 감정의 건설적인 표현을 수반한다. 분노 자체가 파괴적이라는 잘못된 통념이 있다. 사실 건강한 분노 표현은 문제나 갈등을 드러나게 하여 그것을 해결할 수 있도록 한다. 하지만 두드러진 분노한 아동 양식을 가진 사람은 종종 이러한 반응을 조절하고 그것을 건설적인 방향으로 돌리는 건강한 성인의 측면이 부족하다.

　극단적인 경우, 분노한 아동 양식의 개인들은 타인에게 실제 위험을 보일지도 모른다(예: 운전자 폭행, 가정폭력이나 아동의 신체적 학대와 같은 경우). 그러한 경우 개인은 통제가 불가하거나 폭력적인 행동을 하는 분열된 격노 상태에 들어가 붉으락푸르락하게 보일지도 모른다. 그러한 개인은 그들의 분노를 양극단의 중간 지점이라고는 없고 눈 깜짝할 새에 0에서 100으로 가는 폭발적인 것으로 설명할지도 모른다.

　심지어 분노한 아동 양식을 가진 환자가 순간 그러한 반응을 억누를 수 있을 때조차 계속 내심 분노를 품고 지각된 잘못을 반추할지도 모른다는 것은 그러한 반응들에 연관된 도식이 여전히 활성화되어 있음을 시사한다. 예를 들어, 여자친구를 신체적으로 학대했던 법의학 입원 환자인 톰은 그의 가슴속 깊은 곳에 주먹을 꽉 쥐고 있는 듯한 지속적인 느낌을 설명했다. 이러한 억눌린 감정은 종종 도식과 연관된 주제를 갖는 사건의 계기가 되어 폭발로 이어질 수 있다.

충동적인 아동 양식

　충동적인 아동 양식은 충동적으로 행동하고 좌절을 견디는 데에 어려움을 갖는 환자의 한 측면이다. 충동적인 아동은 '그가 원하는 것을 그가 원하는 시간에 원한다.' 그들은 그들의 욕구를 매우 긴급한 것으로 경험하고 그들의 욕구가 충족되기를 기다리거나 부인되는 것을 참지 못한다. 충동적인 아동은 뭔가를 원할 때 가능한 결과를 생각하려 멈추지 않고 즉시 행동에 착수한다. 충동적인 아동 양식의 환자는 충동을 억제하는 동안 행동의 장단점을 비추어 볼 수 있는 건강한 성인의 측면이 부족하다.

충동적인 아동은 필연적으로 권위자와 갈등을 겪는다. 그는 자기 방식대로 할 수 없고 부당하고 독단적이고 가혹한 제한을 겪을 때 좌절하고 분노한다. 예를 들어, 투옥 시절에 톰은 한번은 그의 변호사에게 소포를 보내는 것을 허락해 달라고 요구했다. 담당 사회복지사가 그날의 우편은 이미 수거되었기 때문에 다음 날까지 기다려야 한다고 하자 그는 급박한 마감 때문에 소포를 당장 보내야 한다고 고집하며 격분했다. 그의 주장이 아무런 성과를 얻지 못한다는 것을 감지하자, 그는 환자에게 외부로 나가는 우편은 정오 전에 보내져야 한다는, 환자가 매우 잘 알고 있던 법칙을 알려 준 두 번째 사회복지사를 찾아갔고, 그다음엔 세 번째 사회복지사를 찾아갔다. 결국 톰은 화가 나 이 문제를 해결할 다른 방법을 찾겠다고 말하며 나가 버렸다.

충동적인 아동 양식의 환자는 종종 안정되고 일관적인 한계 설정이 부족한 가정에서 자랐다. 그러한 집안은 아마 과도하게 너그럽고 무질서하거나 무관심하며 대개 부모의 감독과 통제가 부족하다. 예를 들어, 톰은 자신의 모든 요구를 다 들어주는 부유한 집안에서 자라났다. 어린 시절부터 그는 문제 행동을 발전시켜 왔고, 결국 주의력결핍 과잉행동장애로 진단받았다. 톰의 부모님은 항상 그를 보석금으로 풀어 줬고, 이것이 그에게 어떤 것에서도 벗어날 수 있다는 양식을 강화하였다. 심지어 그가 범죄자 수감병원에 있을 때조차 그의 부모님은 (톰이 정신과적 문제가 없다고 한) 두 번째 정신 감정에 돈을 지불했고, 그를 부모 친구가 책임자로 있는 다른 시설로 옮기려 했다. 이와 같이 톰의 부모님은 그에게 그의 모든 욕구는 즉시 충족되어야 하며 그의 행동에 책임을 질 필요가 없다는 노골적이며 암시적인 메시지를 주어 왔다. 결과적으로 그는 타인이 즉시 그의 요구에 응하길 요구하는 충동적인 아동 양식을 발전시켰고, 타인이 한계를 강요하면 충동적 아동 양식이 나타나 격분하였다.

11

부적응 대처 양식

심리도식치료는 세 가지 종류의 부적응 대처 양식, 즉 분리된 보호자, 순응하는 굴복자 그리고 과잉 보상자 양식으로 구분한다(Young et al., 2003). 이러한 양식들은 각각 회피, 굴복자, 과잉 보상 도식의 부적응 대처 양식에 해당된다. 하지만 대처 양식은 단지 대처 행동에만 중심을 둔 대처 방식과 현저히 다르게 초기 부적응 도식이 촉발되는 특정 상황에서 작동되는 정서, 인지, 행동 반응을 포함한 정서적 상태다.

분리된 보호자는 정서적 회피 상태다. 이러한 상태에서 환자들은 정서적으로 분리되고 떨어져 있으며 무감각하고 주지화되고 대단히 이성적이 된다. 이는 분리된 보호자를 정서적 상태로 언급하는 것이 모순되어 보일 수 있는데, 그것이 정서의 부재와 관련되어 보이기 때문이다. 하지만 분리된 보호자는 비록 자동적이고 무의식적이라도 정서적 무감각의 결과를 가져오는, 정서적으로 멀리하려는 적극적인 노력을 수반한다는 것이 더 정확하다.

　순응하는 굴복자 양식은 순응의 상태다. 이는 종종 자기 자신의 욕구를 희생해 가며 타인의 기대나 요구에 맞추려는 것과 관련된다. 이러한 상태에서 환자들은 수동적으로, 무기력하게 혹은 순종적 태도로 행동하는 것과 관련될지도 모르는 자신의 도식에 따라 행동한다.

　과잉 보상자 양식은 모든 과잉 보상적 대처 형태를 수반하는 많은 특정한 정서 상태와 관련이 있다. 아마도 전형적인 과잉 보상자 양식은 오만함, 우월감, 타인 평가절하의 감정을 수반하는 자기과장자다. 자기과장자 양식에서 환자들은 열등감과 박탈감을 부인하거나 채우기 위한 시도로 다른 사람보다 유리한 지배적인 자리를 차지한다.

　Young과 동료들(2003)은 광범위한 세 범주의 부적응 대처 양식을 가정하였는데, 그 안의 많은 세부 범주를 식별하는 것도 가능하다. 예를 들어, 분리된 보호자 양식에 대한 몇 가지 변형이 확인되었다. 분리된 자기위로자 양식은 약물이나 알코올 사용, 폭식, 강박적인 쇼핑, 상습적인 도박, 강박적 · 반복적이거나 중독적인 행위를 통해 자신의 감정을 진정시키거나 완화하려는 것을 수반한다. 이러한 상태에서 환자들은 고통스러운 감정을 차단해 주는 활기찬 기분에 취하거나 무감각의 즐거운 느낌을 받는다. 이러한 분리된 상태에서 시간은 알아치려지지 못한 채 지나가고 문제들은 일시적으로 잊힌다.

　분리된 자기자극자 양식에서 환자들은 감각적임과 황홀감을 추구하고 위험을 감수한다. 절정에 달하는 흥분 역시 고통스러운 감정을 피하도록 돕는다. 예를 들어, 그러한 환자들은 아마 과격한 운동, 빠른 속도로 운전하기, 혹은 위험 자체에 중독되는 것과 같은 다른 위험 추구에 관련된 것을 지향할 것이다.

Young 등(2003)은 분리된 자기위로자와 자기자극자 양식이 자기도취자의 내면적 공허함과 외로움을 채워 줌으로써 자기애적 성격장애에 중요한 역할을 한다는 가설을 세웠다. 그것들은 또한 약물과 알코올의 사용이 고통스러운 감정을 가라앉힌다고 주장하는 중독의 자기치료 모형(Khantzian, 1997)과 유사한 기제에 따라 작동되는 중독장애와 명백한 연결을 갖고 있다. 어떤 물질(예: 헤로인)은 자기 위로 기능을 하는 반면 다른 물질(예: 코카인)은 자기 자극을 한다는 점에 주목하는 것이 중요하다.

순응하는 굴복자 양식은 타인에게 학대받는 것을 피하려는 의도로 제정된 수동적이거나 순응적이거나 의존적인 행동을 수반한다. 이러한 양식은 드라고의 사례에서 볼 수 있다. 드라고는 그의 인종 집단이 강한 차별을 받던 고장에서 자랐다. 어릴 때부터 그는 아버지로부터 공손하게 행동하라고 배웠다. 굴종적인 태도는 그의 생존의 비결이었다. 희롱이나 폭력을 당했을 때조차 드라고는 어떠한 분노의 표시도 보이지 않았다. 대신 그를 괴롭히는 사람의 화를 달래기 위해 눈을 피하고 어깨를 늘어뜨린 채 부드럽게 말했다. 그는 심한 분노의 순간에 여자친구를 때린 후 치료를 받기 시작했다. 몇 달 전부터 드라고는 점점 여자친구와의 관계에서 좌절감이 증가했다. 그는 그녀에게 선물을 사 주고, 저녁을 해 주고, 그녀의 모든 변덕을 다 들어주는 등 여자친구를 즐겁게 해 줄 수 있는 일이라면 무엇이든 했다. 그녀는 그가 나약하고 수동적이며 충분한 돈을 벌지 않는다고 불평하며 그에게 비판적이었고 그를 하찮게 여겼다. 그는 분노를 계속해서 억제해 왔으나 결국 어느 날 그녀를 때린 것이다.

치료 회기 중 드라고는 거의 언제나 순응하는 굴복자 양식을 보였다. 그는 변함없이 예의 바르고 협조적이었다. 그는 치료자의 모든 지적에 동의했고 그녀의 제안을 지키기 위해 최선을 다했다. 그는 심지어 치료자가 갑자기 약속을 잊어버렸을 때조차 화가 난 것을 부인했다. 그는 종종 자신이 좋은 환자인지를 알고 싶어 했다. 결국 몇 달의 심리도식치료 후 그는 그의 고분고분함으로 치러 왔던 끔찍한 대가를 알아차렸고, 그의 욕구와 권리를 주장하는 것을 배우기 시작했다.

과잉 보상자 양식은 도식과 연관된 고통스러운 감정에서 벗어나고자 도식과 반대로 하는 것을 수반한다. 과잉 보상자 양식은 각각 다른 형태의 과잉 보상의 형태로 특징지어지는 다양한 특정 정서 상태를 포함한다. 예를 들어, 어떤 개인은 타인에 대한 태도를 평가 절하하며 열등함이나 무가치함을 느끼지 않으려고 뛰어나게 행동한다(자기과장자 양식). 다른 개인은 나약함이나 무력함의 느낌을 극복하고자 왕따를 시키고 폭력을 사용한다(가해자 및 공격 양식). 하지만 과도하거나 강박적인 것에 관련 있는 다른 개인은 무기력함을 느끼지 않으려고 명령과 통제를 행사하려한다(강박적인 과잉 통제자 양식). 이러한 양식이 촉발되면 각각 무력함 대신 강력함, 나약함 대신 공격적임을 느끼며 개인은 그들의 도식과 반대되는 정서적 상태에 빠진다. 과잉 보상자 양식이 되면 그들은 그들의 도식이 작동될 때 떠오르는 고통스러운 가정들로부터 도망갈 수 있다. 나중에 설명하는 것처럼(26장 참조), 과잉 보상 방식에 대한 이해는 자기애적, 반사회적 성격장애 환자와 작업할 때 필수적이다.

12

내재화된 부모 양식

두 가지의 내재화된 부모 양식은 처벌적인 부모와 요구적인 부모 양식이다. 이들 양식은 환자를 비판하거나 폄하하고(처벌적인 부모) 혹은 거의 불가능한 요구를 그에게 하는(요구적인 또는 비판적인 부모) 내재화된 부모 목소리를 공통적으로 갖고 있다. 이 중하나의 양식에 있을 때, 환자들은 마치 그들이 혼이 나거나 질책받는 것으로 느끼며 자신들이 무가치하고 쓸모없으며 엉망이라고 말한다. 어떤 경우에는 이러한 내재화된 목소리가 잔혹하고심지어 모욕적이기까지 하다. 예를 들어, 한 환자의 경우 자신이태어나지 않았으면 좋았겠다고 하고, 다른 환자의 경우 자신이사악하니 죽어도 마땅하다고 한다.

심리도식치료에서는 이러한 양식들이 그들 부모나 다른 양유자에게서 받은 실제 비판, 처벌, 학대하는 부모 기억에 기반을두고 있다고 여겨진다. 이는 심리도식치료에서 환자의 처벌적인/비판적인 양식을 환자의 실제 부모의 정확한 표상으로 본다는 뜻은 아니다.

일반적으로 기억뿐만 아니라 심적 표상은 정서적 상태의 효과, 시간에 따른 기억의 저하와 같은 다양하고 가능한 왜곡된 영향을 받기 쉽다(Brewin, Andrew, & Gotlib, 1993). 그럼에도 불구하고 심리도식치료에서는 이러한 부정적 부모 행동의 표상을 대체로 아동의 실재를 정확히 반영한 것으로 본다. 이 관점은 외상적 기억의 경우 대개 주변적 세부 사항은 어떤 왜곡이나 부정확함을 갖지만 그들의 중심적 세부 사항(학대의 중심 특징)은 정확히 기억된다는 연구(Brewin et al., 1993)와 일치한다.

처벌적인 부모 양식은 경계선적 성격장애를 가진 환자에게 특히 심하다. 처벌적인 부모 양식에 있을 때, 이러한 장애를 가진 환자는 참을 수 없는 기분이나 자해나 자살 행동을 유발하는 일정 수준의 자기 처벌을 경험한다. 이러한 상태에서 경계선적 성격장애 환자는 실제나 가상의 잘못 또는 위반 때문에 그녀 자신을 호되게 질책하는 자신의 (처벌적인 부모 양식) 측면과 처벌받고 있는 아동의 강렬한 내면적 고통을 경험하는 (취약한 아동 양식) 측면 사이에서 왔다 갔다 한다. 이와 같이 처벌적인/비판적인 부모 양식과 취약한 아동 양식은, 비판적이고 처벌적인 목소리가 우울과 고통스러운 무가치감을 촉발하며, 서로 가해자-피해자 관계로 존재한다.

요구적인 부모 양식은 자신에게 거의 불가능한 요구를 하는 환자의 측면이다. 이는 종종 성취나 성공에 대한 요구의 형태를 띠지만, 부모님을 돌보기 위하여 자신의 자율권을 모두 희생하는 아동의 요구처럼 다른 종류의 요구도 수반한다. 요구적인 부모 양식은 성취하기 불가능한 완벽한 기준을 가지는 가혹한 기준 도식과 분명한 연결을 갖고 있다. 요구적인 부모 양식 상태에 있을 때 환자는 그 자신이 성공하도록 압박하는 무자비한 압력을 경험한다. 이러한 양식을 가진 환자들은 종종 그들에게 성취하게끔 압박하는 그들 자신의 측면이 필요하다고 믿으며, 그러한 측면이 마비될 수 있다는 점을 인식하는 데 실패한다.

강한 요구적인 부모 양식을 가진 환자 수전은 그녀의 첫 소설을 쓰기 위해 노력하며 성과 없이 여러 달을 보냈다. 그녀는 성실히 매일 글을 쓸 시간을 정했지만 그녀의 기준에 충족될 만큼 좋은 글이 없었다. 그녀는 계속해서 자신을 압박했지만 항상 그녀의 글쓰기가 부족하다고 느꼈다. 탁월함만이 그녀를 만족시킬 수 있다. 그녀는 단지 다음 날 똑같은 결과가 나타나는 과정을 다시 시작하기 위해 몇 시간 동안 자신의 글을 고치고 또 고친 후에 좌절하며 그것을 던져 버렸다. 요구적인 부모 양식을 가진 많은 환자와 같이, 그녀는 언제나 성공을 위해 자신을 무자비하게 압박해야 한다고 믿었다. 동시에 그녀의 이러한 면은 도망칠 수 없는 짐이었다. 어린아이였을 때 그녀는 자신의 수준보다 훨씬 높은 책을 읽어 냈고 그것을 읽도록 강요한 아버지에게서 천재로 대우받았다. 그녀는 자신이 떠오르는 대문호가 되어야 할 운명이라고 믿었다. 그녀가 좋은 작가이긴 하지만 탁월한 작가는 아니라는 급작스러운 깨달음은 참을 수 없었다. 그녀에게 위대함에 대한 단 하나의 대안은 평범이었다.

　작가의 영역에서 여러 달을 고통받은 이후, 수전은 심리도식 치료를 받기 시작하였다. 그녀는 그녀의 요구적인 부모 측면으로 돌아가 말하는 것을 배웠고, 그녀 안의 작은 아이가 천재가 아니라도 가치 있으며 사랑과 관심을 받기에 충분하다고 주장하는 것을 배웠다. 이러한 깨달음으로 그녀는 글쓰기를 다시 시작할 수 있었다. 요구적인 부모 양식을 가진 많은 환자와 같이, 수전은 다른 어떤 것보다 성취를 가장 가치 있게 여기는 부모를 가졌다. 그런 부모는 자신들이 실현하지 못한 야망과 충족되지 못한 욕구를 자식을 통해 충족하기 위해 종종 자녀를 압박한다. 그녀의 아버지는 똑똑했지만 학문적 직업의 꿈을 이루지 못했다. 그는 이러한 꿈을 그녀가 성취하도록 무자비하게 압박하며 그의 딸에게 옮겼다. 이렇듯 요구적인 부모 양식의 작동된, 절대 만족될 수 없는 속성은 자신의 좌절된 욕구를 충족하기 위하여 자신의 아이를 이용하는 부모의 좌절된 노력을 통하여 나타날 수 있다.

13

건강한 양식: 건강한 성인, 만족한 아동

앞에서 취약한 아동 양식이 종종 치료의 중심이며 그러한 접
근이 치료과정의 중요 부분이라고 설명했다. 과정의 다른 주요
부분은 두 가지 건강한 양식(건강한 성인, 만족한 아동)을 강화하
는 것을 포함한다.

건강한 성인 양식

건강한 성인 양식은 유능하고 강하고 잘 기능하는 자신의 부
분이다. 이는 일하기, 양육하기, 책임지기와 사람과 행동 모두에
선념하는 적절한 싱인 기능을 수행히는 데 필요한 기능저 인지
와 행동을 수반한다. 이러한 자기의 부분은 또한 지적, 미적, 문
화적 흥미, 성, 건강 유지와 체육 활동 등 즐거운 성인 활동을 추
구하는 것이다.

치료자는 건강한 성인 양식과 치료 동맹을 형성한다. 건강한 성인 양식이 비교적 약할 때, 치료자는 그것의 출현 모델로서 기여한다. 대부분의 성인 환자는 이 양식의 다른 변형들을 갖고 있지만 그 효과성은 매우 다양하다. 보다 건강하고 보다 높은 기능성을 가진 환자는 더 강력한 건강한 성인 양식을 갖고 있다. 증상이 더 심한 환자일수록 대개 더 약한 건강한 성인 양식을 갖고 있다. 어떤 경계선 환자들은 건강한 성인 양식이 거의 없다. 그래서 그들과 함께할 때 치료자는 거의 발달되지 않은 이 양식 만들기를 증대시키기 위해 조력한다.

건강한 성인 양식은 내재화된 치료자처럼 다양한 다른 양식에 유연하게 반응한다. 이 양식은 분노한 아동 양식과 충동적인 아동 양식의 분노 폭발과 충동성에 한계를 설정하고, 부적응적 대처 양식과 역기능적 부모 양식의 영향에 대항함으로써 취약한 아동 양식을 양육하고 보호하고 허가한다. 예를 들어, 심리적으로 건강한 사람은 좌절에 부딪힐 때 통제를 잃게 되는 분노 감정과 행동으로부터 거리를 둘 수 있게 하는 건강한 성인 양식을 갖고 있다. 대조적으로 경계선 환자들은 대개 매우 약한 건강한 성인 양식을 지니고 있다. 그들이 비슷한 좌절을 맛보았을 때 그들의 분노한 아동 양식은 균형을 잡아 주는 어떠한 큰 힘 없이 작동된다. 강한 건강한 성인 양식의 부재 시에는 분노가 완전히 장악할 수 있다.

치료의 과정에서 환자는 치료자의 행동을 그들의 건강한 성인 양식인 것처럼 내면화한다. 처음에는 환자가 그렇게 행동할 수 없을 때마다 치료자가 건강한 성인으로서 기여한다. 예를 들어, 치료 초기에는 치료자가 개입을 할 것이다. 하지만 환자가 점차 자기 자신의 처벌적인 부모와 싸울 능력을 만들어 감에 따라 치료자는 한 걸음 물러나 가끔 개입하거나 아예 개입하지 않는다.

분리된 보호자 양식과 건강한 성인 양식을 혼동하지 않는 것이 중요하지만 가끔은 어렵다. 이따금 분리된 환자는 이성적이고 효율적이고 잘 제어하는 인상을 주어서, 치료자는 사실 이러한 행동들이 대응되어야 할 때 그것을 잘못 지지할 수 있다. 좋은 의도의 건강한 성인 양식과 분리된 보호자 양식으로 특징지어지는 가짜를 어떻게 구별하는가? 후자는 대개 정서와 감정을 제한하지만 전자는 정서의 모든 범위의 진솔한 경험을 수반한다는 것이다. 결과적으로 분리된 보호자 양식이 되는 것은 특정 부분, 특히 취약한 아동 양식과 그 빈약성을 부인하거나 작용하지 않도록 하는 반면, 건강한 성인 양식이 되는 것은 환자들에게 무수히 많은 감정을 인정하고 관여하도록 허용한다.

만족한 아동 양식

두 번째로 연관되는 적응적 양식은 만족한 아동 양식이다. 이 양식에 있을 때, 사람들은 그들의 핵심 정서 욕구가 현재 충족되어 평화로움을 느낀다. 그들은 타인이 온정적이고 적절히 보호적이라고 경험하고, 그들과 연결되며 보살핌을 받고 인정받는다고 느낀다. 이러한 안정감 때문에 그들은 충족감, 보람됨, 자신감을 느끼고 긍정감과 자발성 그리고 만족감을 갖는다.

다른 아동 양식들에서 그랬던 것처럼, 모든 아동은 만족을 경험할 선천적 능력을 갖고 태어난다. 아동기 욕구들이 적절히 자주 또는 규칙적으로 충족되었는지에 따라서 실제 그들이 만족을 경험하는 정도는 달라진다. 즉, 어떤 의미에서 만족한 아동 양식은 박탈의 부재에서 발달하고 그 결과로 상당한 도식 활성의 부재로 발전한다.

만족한 아동 양식은 경험 능력과 자율성, 신바람, 즐거운 행복의 표현을 표상한다. 그것의 근원적 행태(아동기의)는 근심 없는 양식이다. 하지만 그것의 존재에는 외부의 성인들(부모)이나 자신 내부의 건강한 성인 양식으로부터의 보다 많은 돌봄이 요구된다. 만약 건강한 성인이 강하고 기능적이라면 아동이 만족스럽게 잘 자라는 데 필요한 자유를 만들어 낼 것이다.

14

제한된 재양육

심리도식치료의 두 가지 중요한 치료적 입장은 제한된 재양육과 공감적 직면이다. 이 장과 다음 장에서 이들 개념을 알아보겠다.

심리도식치료의 중심 과제는 성인들이 그들의 욕구가 과거에 전혀 충족되지 않았더라도 그들 자신의 정서적 욕구를 충족하도록 돕는 것이다. 이를 얻기 위해선 치료관계 자체에서 환자의 욕구가 인식되고 분명히 설명되고 승인되어야 하며 특정한 한계 안에서 충족되어야 한다. 가장 중요한 충족은 환자들이 아동이었을 때 그들 부모의 욕구 충족이 아니라 그들 자신의 욕구 충족이라는 것이다. 이러한 욕구의 제한적인 충족을 제한된 재양육(limited reparenting)이라고 한다.

주어진 치료관계에서 어떤 욕구들이 충족되어야 하는지는 대부분 환자에게 가장 활성화되어 있는 도식이나 양식에 따른다. 예를 들어, 강한 유기와 불신/학대 도식을 가진(그리고 안정과 안정의 욕구가 충족되지 않은) 환자는 치료자가 항상성, 신뢰성, 정직과 유용성에 중점을 둘 때 가장 효과를 얻을 것이다. 가혹한 기준 도식이나 강한 비판적 부모 양식을 가진 다른 환자는 진실한 칭찬과 수용을 하는 관대한 치료자로부터 가장 많이 얻을 것이다.

제한된 재양육을 통해 치료자는 환자에게 아동기에 적절히 충족되지 못한 욕구에 대한 부분적인 해결책을 제공한다. 이러한 개념은 교정적 정서 경험(Alexander & French, 1946)이라는 것과 비슷하지만 이 맥락에선 특별히 환자의 초기 부적응 도식에 반대로 작용하도록 계획된 행동들을 말한다.

제한된 재양육은 환자의 특정한 재양육 욕구를 평가하는 것이 필요하다. 이를 위한 다양한 방법이 있다. 치료자는 아동기 역사, 대인관계 어려움 보고서, 질문지, 상상 연습을 통해 정보를 수집할 수 있다. 종종 정보의 가장 좋은 원천은 관계 자체에 그리고 그 관계 내의 사건에 참여하는 것이다. 이 모든 것들이 환자의 도식과 대처방식에 대한 실마리를 제시하며, 구체적인 재양육 욕구들을 암시한다.

심리도식치료자의 많은 이상적인 자질은 제한된 재양육을 효과적으로 하도록 하는 것이다. 아마 가장 중요한 것은 융통성일 것이다. 치료자는 지속적으로 환자의 재양육 욕구에 참여하고 평가할 필요가 있다. 때로 재양육화 욕구에서는 신뢰, 안정성, 정서적 돌봄이 매우 중요하다. 때로는 독립성이나 즐겁고 창의적이기 위한 자유를 중요하게 요구할 수 있다. 어느 정도는 치료자가 환자나 아동의 욕구를 충족할 수 있는 유연한 수용력을 가진 좋은 부모가 되어야 한다.

　제한된 재양육을 촉진하는 다른 요인은 강력한 감정을 용납하고 수용할 수 있는 능력, 승인할 수 있는 능력과 온화함, 그리고 적절한 경계와 함께 현실적 기대를 유지하는 능력이다. 심리도식치료자들이 회기 이외의 연락을 격려하고, (신중한) 자기 노출을 사용하며, 온정을 베풀고 배려를 함으로써 일반적인 치료 경계를 확장함을 알려 주는 것도 중요하다. 이러한 경계의 확장은 관계가 부모와의 관계나 보살피는 관계와 유사하게 되도록 허락하는 것이다. 그렇더라도 심리도식치료자는 환자에게 해를 줄 수도 있는 경계를 침범하지 않도록 조심해야 한다.

　제한된 재양육을 통해 심리도식치료자가 환자에게 욕구의 충족을 제공하면 환자는 점차 치료자를 안정된 대상으로 받아들이게 된다. 시간이 지남에 따라 대상과 연관된 일종의 온정과 배려는 내재화되어 환자 자신의 건강한 성인 양식의 일부가 된다. 치료자에게는 어떠한 욕구가 환자 자신에게 충족되어야 하는지, 치료자의 재양육을 통하여 어떤 면이 이익이 되는지를 결정하는 것이 심각한 모험이다. 보통 재양육은 환자의 초기 발달과정에서 충족되지 않았고 개입 없이 계속해서 충족되지 않는 욕구를 치료자가 보았을 때만 가능하다. 처음에는 환자가 그렇게 할 수 없을 때마다 치료사가 건강한 성인의 역할을 해야 한다. 예를 들어, 환자가 처벌적인 부모와 혼자 싸울 수 있다면 치료자는 개입하지 않는다. 하지만 환자가 처벌적인 부모와 싸울 수 없고 그 자신을 방어하지 않은 채 계속해서 공격한다면 치료자가 개입하여 환자를 위해 처벌적인 부모와 대결해 주어야 한다. 점차적으로 환자는 건강한 성인 역할을 인계받게 된다.

심리도식치료자는 잘난 척하는 방식보다는 배려하고 존중하는 방식으로 제한된 재양육을 제공하기 위하여 땀을 흘린다. 동시에 치료자는 환자의 핵심 욕구들을 하찮은 환상이 아닌 중요하고 보편적인 욕구로 본다. 그러므로 그들의 충족은 얕은 만족과는 매우 다르다. 제대로 이루어지면, 제한된 재양육은 쉽게 이러한 치료적 입장의 두 가지 비판에 면역을 갖게 된다. 그것은 온정주의적이거나 환자를 폄하하는 것, 혹은 역효과를 낳는 환자 환상의 만족감의 형태라는 것이다.

치료자는 환자에게 오직 '제한된' 재양육만을 제공할 수 있기에 환자가 원하는 것과 치료자가 줄 수 있는 것 사이의 틈이 있을 수밖에 없다. "우리 센터에서는 자살에 이를 수 있는 어떠한 행동도 금하는 것이 정책입니다."와 같은 인간미 없는 한계에 대한 설명보다, 치료자는 "마음의 평화를 위해서 나는 당신이 안전하다는 것을 알아야겠습니다."와 같은 인간적인 의사소통을 해야 한다.

15

공감적 직면

제한된 재양육과 함께, 공감적 직면(empathic confrontation)은 심리도식치료 처치 접근에서의 두 주요 기둥 중 하나다(Young et al., 2003). 공감적 직면에서는 공감적이고 비판단적인 방법으로 치료자가 그의 부적응적 행동과 지각을 환자에게 직면시킨다. 이러한 기술은 치료자가 환자에 대한 진정한 열정이 있을 때에만 가능하다. 즉, 치료자는 환자가 이러한 행동을 하는 이유를 공감해 주면서 동시에 이러한 반응의 자기 패배적 특성과 그것을 고쳐야 할 필요성을 강조한다. 심리도식치료에서 도식, 대처 반응 그리고 양식이라는 용어는 치료자와 환자가 환자의 부적응적인 대처 시도를 이해하기 위한 일반적인 개념들과 표현 수단을 제공함으로써 공감적 직면을 촉진한다. 이러한 개념들은 부적응 행동을 도덕적 결점에서 시작되는 것이 아닌 자기 패배적 양식의 결과로 본다는 점에서 도덕적·정서적으로 중립적이다.

공감적 직면은 치료 회기 중과 회기 밖에서 환자가 자신의 자기 패배적 행동을 직면하는 데 사용할 수 있다. 치료자의 회기 중의 공감적 직면은 치료자와 환자 모두에게 지금 당장의 치료관계에서 발생하는 환자의 행동을 검토해 볼 기회를 주기 때문에 매우 강력할 수 있다. 이것을 통해 치료자가 환자의 친밀성 형성을 방해하고 정서적 욕구 충족을 방해하는 것이 입증될 수 있다.

공감적 직면은 도식과 대처 반응의 초기 심리도식치료 용어나 양식, 양식 작업 같은 보다 정교한 용어들과도 함께 사용할 수 있다. 예를 들면, 어릴 때 신체적 · 정서적으로 학대당한 청년 로버트는 그의 상사와 빈번하고 강렬한 언쟁을 했다. 환자가 이런 논쟁에 휘말리는 이유를 공감하는 것은 간단하다. 로버트는 어릴 적 학대받았던 경험 때문에 타인이 그의 감정을 상하게 하거나 창피를 주려 한다고 생각(불신/학대, 결함/수치심 도식)하였고, 그의 상사 또한 그러리라 예상하였다.

어릴 적 로버트는 그의 부모님에 맞서 싸우는 것이 부모의 학대에 투쟁하고 자신의 자긍심(과잉 보상 대처 반응)을 지키는 유일한 방법이었다. 로버트가 그를 학대하는 그의 상사와 싸우는 것은 당연한 것이었다. 하지만 로버트의 반응이 과거에서 비롯되었기에 그들은 가끔 너무 심하게 싸웠다. 그가 타인으로부터 자신을 지키려는 시도가 다른 사람들에게는 극단적이고 정도에서 너무 벗어난 것으로 느껴졌다. 결과적으로 그는 그의 합법적인 불만을 타인에게 이해시키지 못했을뿐더러, 그들은 그를 분노하고 통제되지 않는 사람으로 보았다.

치료자는 로버트가 심리도식치료에서 배운 도식과 대처 반응의 개념을 그의 자기 패배적 행동을 직면시키는 데 사용했다. 그의 상사와의 갈등을 도식과 대처 반응의 관점에서 구조화함으로써, 치료자는 그들의 자기 패배적 결과들을 지적함과 동시에 로버트의 행동을 돌봄과 비판단적 방식으로 공감할 수 있었다. 이 접근은 로버트가 그의 상사와의 상호작용을 더 현실적이고 덜 도식에 치우친 용어로 볼 수 있게 했으며, 이러한 작용에서 덜 직면적인 양식을 적용했다.

치료자가 양식 용어를 사용한다면 공감적 직면의 기본 접근은 같을 것이다. 하지만 '당신의 학대받은 아동 측면'과 '분노한 아동 측면'과 같은 용어는 도식이나 대처 반응으로 대치될 수 있다.

예를 들어, 치료자는 다음과 같이 말할 수 있다.

"당신의 상사가 당신을 비판할 때 거기엔 당신의 한 측면인 '학대받은 아이' 측면이 있어요. 그건 당신의 부모님이 당신에게 그랬던 것처럼 그가 계속해서 당신을 학대했다고 당신이 느끼는 것이죠. 당신이 분노하여 공격으로 상사에게 보복하려는 건 당연해요. 당신이 어릴 때는 보복하는 게 당신의 자긍심을 지킬 수 있는 유일한 방법이었으니까요. 하지만 당신이 지금 상사와 싸우게 될 때, 그는 당신이 학대받았다고 느끼는 측면을 보지 않아요. 그는 단지 '분노한 아동' 측면만을 보고 공격당했다고 느끼죠. 결과직으로 당신은 당신이 필요로 하는 공감과 이해를 얻지 못해요. 당신이 상사에게 원하는 바로 그것, 그리고 당신이 진실로 당신의 부모님에게도 원해 왔던 그것 말이에요."

2부

실제편

16

평가과정: 초점화된 생활사 면담, 도식 검사 및 자기 모니터링

이 책의 뒤쪽 절반에서는 심리도식치료의 실제적 적용에 관해 논할 것이다. 16~19장에서 이러한 적용을 위한 단계를 설정하는 평가와 개념화 과정을 논의하면서 시작한다.

심리도식치료자들은 종합 평가과정을 통하여 환자들과 작업을 시작한다. 그 과정은 대개 다양한 평가 도구로 정보를 얻기 위한 몇 회기(통상적으로 2~4회기)를 내포한다. 평가과정의 광의의 목표는 다음과 같다.

① 환자의 생활에 나타나는 역기능적 생활 패턴에 대해 알기

② 초기 부적응 도식, 대처 방식과 이러한 생활 패턴을 만들거나 유지할 때 사용하는 가상 우세한 양식들을 알기

③ 도식, 대처 방식, 양식들의 발달적 기원을 알기

④ 환자의 기질을 평가하고 기질이 다른 발달적 요인들(예: 박탈, 외상 및 지나친 탐닉)과 상호작용하는 방법들에 대해서

알아보기

이 장의 나머지 부분에서는 이러한 목표들을 달성하는 데 사용되는 세 가지 방법(초점화된 생활사 면담, 자기보고식 질문지 및 자기 모니터링의 사용)을 설명한다. 17장에서는 평가를 위한 상상요법의 사용에 관해 논하고, 18장에서는 새로운 치료관계 자체에서 수집된 정보에 관해 논한다. 이러한 자료의 출처들은 다른 것들과 비교할 때 중대하게 주요한 위치를 차지하지 않는다. 대신 치료자의 역할은 이러한 모든 자료를 사용하여 임상적 가설을 만들고, 더 많은 자료를 모아 통합적인 이해가 이루어질 때까지 그러한 가설을 조정하는 것이다. 이러한 평가 및 통합 과정은 환자와 함께 작성한 사례개념화를 통해 완결된다(19장). 사례개념화는 현재의 문제와 패턴뿐만 아니라 심리도식치료의 개념(즉, 욕구, 도식, 대처 반응 그리고 양식들)을 사용하는 모든 틀과 문제의 가능한 발달적 기원 모두를 상세히 설명한다. 두 가지 주요목적으로 환자와 함께 개념화를 나눈다. 첫째, 치료자와 환자가 협력하여 공동의 이해를 정교하게 할 수 있다. 둘째, 환자에게 심리도식치료를 교육하는 것을 돕는다.

초기 평가와 초점화된 생활사

심리도식치료의 첫 회기(혹은 처음 몇 회기)에서 치료자는 환자의 현재 문제와 치료 목표, 그들의 충족되지 않은 정서적 욕구를 알기 위해 면담한다. 문제와 목표가 무엇인지 명확하게 하고 그것에 초점을 맞추고, 치료과정에서 환자의 안건이 지속적으로 다루어지도록 한다. 이러한 설명이 없이는 치료가 종종 통찰 지향적인 치료들이나 지지적 치료들에서 발생하는 것과 같이 초점을 잃을 위험이 있다. 이러한 측면에서 심리도식치료에서 설정된 문제와 목표는 축1 문제들의 처치에서의 보다 시간 제한적인 인지행동치료(CBT)보다 대개 더 광범위하거나 더 만연하지만 CBT와 닮았다. 그래도 여전히 다른 CBT 치료자들처럼 심리도식치료자들도 문제와 목표를 막연하게 개략적으로가 아닌 정확한 용어로 정의하기 위해 노력한다. 예를 들어, '환자의 관계 문제들'이라고 하는 대신, 치료자는 "환자가 지속적으로 그녀의 상대자와의 요구-철회 순환에 참여하고, 거절당함을 느끼고, 그러한 거절의 신호에 강하게 반응한다."라고 가설화한다.

환자의 욕구에 적합한 심리도식치료는 또한 이 단계에서 결정된다. 심리도식치료가 항상 바람직하지는 않고, 때로는 축1의 급성 증상들을 다른 증거기반 치료적 접근들(28장 참조)로 해결하고 나서 나중의 단계에서 사용하는 것이 더 바람직할 수도 있다. 특히 다음 상황은 심리도식치료가 좋은 선택이 아닌 경우다.

① 현재 치료되지 않았고 적절한 치료(예: 불안장애의 해결을 위한 약물치료나 집중화된 CBT 절차)의 집중적 적용이 보다 나을 수 있는 급성적이고 비교적 심각한 축1 장애의 증상들을

보이는 경우

② 급성 주요 위기를 보이는 경우(재발되는 위기의 생활 패턴을 지닌 일부 환자에게는 심리도식치료가 고려되어야 한다)

③ 정신병을 보이는 경우(가끔 경계선적 성격장애에서 보이는 일시적인 정신질환적 증상이라면 심리도식치료의 금지 사유가 되지 않는다)

④ 현재 충분히 심한 알코올이나 약물 남용이라서 치료의 수행에 지장을 주는 경우

⑤ 상황적인 문제로 보이며 오래 지속되어 온 도식, 대처 방식이나 우세한 부적응 양식에서부터 생겨난 것으로 보이지 않는 경우

위의 경우가 심리도식치료를 적용하기 위해 고려해야 할 절대적 법칙은 아니다. 사실 심리도식치료가 성공적으로 적용된 만성적 축1 문제(예: 우울증 혹은 물질 남용)를 가진 환자에게 예전 개입의 시도가 재발되거나 실패하는 것이 가장 큰 우려다. 하지만 어떤 환자들은 더 범위를 좁혀 초점을 맞춰서(예: 불안이나 기분 증상들의 해결) 치료를 시작하고 이후 심리도식치료로 전환하는 것이 이득이 될 수 있다.

심리도식치료자가 환자들의 병력을 면담할 때, 그들은 현재의 문제들이 그 환자의 삶에서 오래 계속되는 패턴인지, 아니면 더 좁은 맥락에 제한되는 것인지를 결정하기 위해 노력한다. 문제들이 도식의 활성화를 반영하는 것으로 보이면 치료자들은 이전

활성화의 시기들을 알아내기 위해서 작업한다. 이는 도식이 활성화될 때 무슨 생각, 이미지, 느낌, 행동이 일어나는지뿐만 아니라 환자에게 가장 큰 영향을 주는 촉발제가 어떤 것인지를 명확하게 해 준다. 유사하게, 이들 감정을 불러일으키는 상황에서 특징적인 대처 방식과 지배적인 양식에 대하여 주목하여야 한다.

면담과정에서 수집되는 정보를 증대시키기 위해서 치료자들은 환자들이 하나 혹은 그 이상의 자기보고식 검사지를 숙제로 해 오도록 할 수 있다. 환자들은 다음 회기에 이 검사지들을 제출하고 치료자와 함께 자신의 응답을 재검토할 수 있다. 몇몇 검사가 개발되었고, 도식, 대처 반응, 지배적 양식과 발달사를 평가하기 위해서 사용되었다(다양한 언어에서의 사용 가능성과 이 척도들의 완전한 목록과 갱신된 버전은 www.schematherapy.com 또는 www.isst-online.com을 보라).

영 도식 질문지

가장 널리 사용되는 질문지는 지금은 3판인 영 도식 질문지(Young Schema Questionnaire: YSQ)다. 대개 환자들은 이 질문지를 첫 번째와 두 번째 회기 사이에 완성한다(이면 치료자는 치료가 시작되기 전에 완성하도록 하고, 다른 치료자는 특히 속마음을 잘 말하지 않거나 의심스러운 환자에게는 이 질문지의 사용을 연기하기도 한다). YSQ는 열여덟 가지 도식을 반영하는 문항들로 구성되며

(도식 목록은 3장 참조), 각 문항들은 '전혀 나와 다르다'부터 '나를 완벽하게 묘사한다'까지 1점에서 6점까지의 범위에서 평가된다. 어떤 사람들은 모든 도식 점수의 평균을 내는 것이 더 좋다고 주장하지만, 우리는 임상적으로 단지 극단의 점수들(4, 5, 6점)만을 세는 것이 가장 우세한 도식을 식별하는 데 도움이 된다는 것을 발견하였다.

우리는 높고 낮은 점수의 도식의 간단한 프로파일을 산출해 내는 표준화 검사로서 YSQ를 사용하는 것 외에 토론의 발판으로서 그것을 사용하는 것이 유용함을 알았다. 여기서 제공되는 정보는 환자들에게 그들이 기입한 증상들과 행동들 이상에 대한 즉각적인 질문을 하는 데 기여한다. 예를 들어, 환자들에게 높은 점수의 특정 진술문이 자신의 삶에 어떻게 연관되는지를 이야기 해 주도록 요청할 수 있다. 2개 이상의 관련 문항에 대해서 질문을 한 후에 환자들이 그 도식의 이름과 자신의 삶에서 그 도식의 가능한 관련성에 주목하는 기회로서 사용할 수도 있다[환자에 초점을 맞춘 『자신의 인생을 재창조하기(*Reinventing Your Life*)』(Young & Klosho, 1993)를 읽도록 제안하거나 유인물의 관련된 도식의 설명을 가리킴으로써].

YSQ에 대한 환자의 반응은 치료자가 다른 평가과정의 부분(예: 생활사나 심상평가)에서 발전시킨 인상과 일치할 수도 있고 불일치할 수도 있다. 불일치가 발생할 때, 치료자는 어떤 정보원이 더 타당한 자료인지를 결정하여 명확히 하려고 한다. 다른 말로 하면 환자와 치료자 중 누가 더 올바르게 느끼고 있는가다.

어떤 경우든 가장 유용한 정보는 대개 그들의 대답이나 점수에서 나오지 않고 치료자와 환자가 질문지를 함께 검토할 때 확보되는 대화로부터 생겨난다.

　어떤 환자들은 YSQ에 응답하는 것을 어려워한다. 그것(혹은 어떠한 다른 질문지)에 다 응답하여야 한다고 요구하기보다, 치료자는 그러한 망설임의 이유를 탐색하고 그 질문지를 사용하는 것을 그만둘 수도 있다. 18장에서 언급하듯이, 그러한 반응은 그 자체만으로도 환자의 도식과 대처 방식에 관해서 종종 꽤 유익한 정보를 준다. 게다가 어떤 환자(25장 참조)에게는 일부러 YSQ 사용을 피한다.

다른 검사와 자기보고 질문지

　두 번째로 널리 쓰이는 검사는 영 양육검사(Young Parenting Inventory: YPI)다. YSQ와 같이 YPI는 1~6점 척도에서 평가하는 문항들과 특정한 도식의 가능한 기원이라 생각되는 아동기 경험들에 따라 구성되어 있다. 각 문항을 두 번 평가함에도 불구하고 (부와 모에 대해서 한 번씩 평가), YPI는 YSQ보다 문항이 더 적다. 우리는 YSQ에서 그랬듯이 YPI를 표준화 검사보디는 인상적 가설들의 출처로 사용한다.

　때로 환자들은 YSQ보다 YPI에 응답하는 것을 더 쉬워 한다. 이는 YPI가 간결성을 갖고 있고 과거에 중점을 두며 질문의 대부분이 객관적 성격을 띠기 때문이다(대조적으로 대부분의 YSQ 질문은 주관적 성격을 띤다). 그렇더라도 YSQ의 적용에 대한 동일한 고려들(즉, 불일치를 묻고, 토론을 위한 발판으로서 검사를 사용하고, 문항에 응답하는 동안 경험되는 어려움을 처리하는 것)이 여기에도 적용된다.

다른 몇몇 추가적 검사(Young-Rygh Avoidance Inventory, Young Compensation Inventory, Schema Mode Inventory)가 개발되어 왔고, 대처 방식이나 지배적 양식을 검사하는 데 사용되고 있다. 게다가 많은 심리도식치료자는 행동, 정서, 감각, 심상, 인지, 대인관계 및 약물/생리(즉, BASIC-ID)에 관한 광범위한 질문들로 구성된, Lazarus와 Lazarus(1991)의 매우 종합적인 중다양식 생활사 검사(Multimodal Life History Inventory)를 선정하는 것이 매우 유용함을 알게 되었다. 다른 증상 척도들(예: Beck Depression Inventory)은 종종 접수면접에서 사용되거나 나중 단계들에서 증상 변화를 결정하기 위하여 사용된다.

평가 도구로서의 자기 모니터링

매일의 사건과 생각, 느낌과 이러한 사건의 결과로 생겨나는 행동의 자기 모니터링은 다양한 CBT 접근에서 빈번하게 사용된다. 심리도식치료에서도 인지적 개입(21장 참조)으로서 자기 모니터링이 CBT에서보다 훨씬 많이 사용되며 매우 유용하다. 특히 심리도식치료자들은 환자들에게 첫 회기부터 시작되는 매일의 도식 일지들이나 보다 초보적인 자기 모니터링 사건 일지들([그림 21-1]에 제시된 일일사고 기록지와 같은)을 적기 시작하도록 요청할 수 있다(21장에서 설명됨). 서너 번째 회기까지 다중 기록들이 검토될 수 있고 종종 중요한 진단 정보가 드러날 수 있다.

일일 기록들은 환자가 이름으로 도식을 식별하도록 요구하지는 않지만 도식의 작동과 그 영향을 기록하는 데 도움이 된다. 예를 들어, 강한 유기 도식이 있는 환자는 이 도식과 일치하는 다양한 대인관계에서의 거절의 예, 관련된 생각, 느낌, 행동들을 보고할 것이다.

더 중요하게 이러한 일일 기록은 치료자와 환자 모두에게 매일의 삶의 가능한 예를 제공한다. 이와 같은 방식으로 일일 기록들은 면담에서 얻어진 생활사적 정보와 자기보고 질문지로 얻은 일반화된 인상을 보완한다. 치료자가 이러한 정보의 다양한 출처(17장의 상상요법과 18장의 치료관계 자체에서 얻어진 것과 함께)를 통합하는 데 있어 일일 기록에서 얻어진 특정한 세부 사항들은 환자를 위한 개념화를 실제적이고 구체적으로 만드는 데 도움이 된다.

17

평가과정: 상상요법

상상요법은 치료자가 환자에게 특정한 장면, 경험 또는 사건을 시각화하도록 요청하는 기술이다. 이는 심리도식치료의 핵심 경험 기술이고, 이후에 치료의 변화 단계에 널리 사용된다(22장 참조). 그렇지만 상상은 또한 종종 평가과정에서 없어서는 안 될 부분이다.

평가 도구로서 상상요법은 치료 회기에서 치료자와 환자 둘 다 환자의 도식을 느낄 수 있도록 환자의 도식을 유발하는 데 사용된다. 그것은 도식에 대한 논의를 '차가운' 인지에서 '뜨거운' 인지로 이동시킴으로써 다른 형태의 평가들(면담과 검사들을 포함하는)을 보완한다.

대개 평가를 위한 상상은 첫 5~6회기 내에 소개된다. 이는 평가와 교육의 비교적 초기 단계다. 처음 사용되는 경우, 상상은 일반적으로 거의 모든 회기 동안 상상훈련 자체뿐만 아니라 준비와 보고를 듣는 충분한 시간을 쏟아부을 것을 요구한다. 때때로 환자들은 상상 회기 후에 마음이 산란해지기도 한다. 회기 초기에 상상 작업을 시작하는 것은 환자들이 떠나기 전에 그들이 회복하기 위한 충분한 시간이 있다는 확신을 주는 데 도움이 된다.

환자들이 상상 작업을 두려워할 때, 치료자는 환자가 상상을 통제하고 있다는 것을 상기시켜 줌으로써 그들을 편하게 하려고 시도한다. 따라서 치료자가 환자의 집중력을 높이기 위해 그들의 눈을 감도록 요청했다 하더라도, 환자들은 그들이 압도당한 느낌을 받으면 눈을 뜰지 모른다. 외상성 기억과 불신의 느낌이나 불안 때문에, 어떤 환자는 눈을 감지 않고 내리깔며 상상훈련에 참여하거나 치료자가 훈련 동안 자신들을 쳐다보지 말 것을 요청한다. 치료자들은 이러한 것들을 불가피한 것으로 받아들여야 한다. 훈련 이후에 치료자는 이 환자들이 명상훈련을 통하여 회기를 마치기 전에 현재의 순간에 착지하도록 할 필요가 있다. 우리는 회기 초기에 상상을 시작하는 것을 여전히 확신하고 있지만, 상상의 반복적 사용으로 환자들은 그에 대해 덜 걱정하고 더 적은 시간이 필요하게 되는 경향이 있다.

환자가 상상훈련에 착수하기 전에 치료자는 상상 사용의 다음 세 가지 목적을 포함하는 논리적 근거들을 제시한다.

① 환자의 도식을 확인하고 촉발하기
② 도식의 아동기 근원을 이해하기
③ 도식을 현재의 문제와 연결하기

상상훈련에서 환자는 눈을 감고 그들의 마음속에 이미지가 떠다니도록 한다. 억지로 이미지를 강요하지 말고 자연스럽게 도출되게 하라. 환자가 한 이미지를 얻으면, 그것을 현재형으로 큰 소리로 묘사해 달라고 부탁한다. 우리는 그들이 그것을 생생하고 정서적으로 실재하는 것처럼 느끼도록 조력한다. 한 가지 지도 원칙은 환자가 실행 가능한 이미지를 만들 수 있도록 최대한 적은 지침을 주어야 한다는 것이다. 우리는 환자가 만들어 낸 이미지들이 온전히 그 자신만의 것이길 원한다. 그러므로 우리는 제안을 하거나 많은 힌트를 주는 것을 피한다. 이와 같이 치료자 자신의 생각이나 가설을 주입하는 것을 피한다. 목표는 환자의 초기 부적응 도식과 연결된 아동기 역사와 연관된 두려움, 격노, 수치와 비통함과 같은 주요 감정과 연결된 중심 이미지를 끌어내는 것이다.

심리도식치료자들은 환자들에게 이미지를 위해 단순히 말이나 생각만이 아닌 그림을 사용하도록 격려한다. "이미지는 단순한 생각이나 자유연상과는 다릅니다. 이는 영화를 보는 것과 더 비슷하지요. 나는 당신이 그것을 그 자체에 빠져서 영화의 일부가 되어 펼쳐지는 모든 사건을 통해 살아가며 경험해 보길 바랍니다." 1인칭, 현재 시제로 말하라는 제안은 이와 같이 환자가 그 이미지에 빠져들 수 있도록 하기 위한 목적에서다.

상상평가(어떤 환자에겐 대부분 혹은 모든 이어지는 이미지 훈련들)에서 상상의 시작과 끝은 안전한 장소에서 한다. 이는 두 가지 목적 때문이다. 첫째는 환자가 위협당하지 않는 방식으로 이

미지에 빠져들 수 있도록 하기 위해서다. 둘째는 상상의 재료가
환자가 특별히 화가 났을 때 도피처를 제공하도록 하기 위해서
다. 만약 환자가 안전한 공간을 만들어 낼 수 없으면 치료자는
환자가 그러한 이미지를 만들 수 있도록 충분한 시간을 들여야
한다. 많은 사람에게 아름다운 자연 풍광은 좋은 효과가 있다.
또 누군가에게는 유일하게 안전한 공간이 치료실 자체일지도 모
른다.

환자가 '안전한 공간'의 이미지를 충분히 느낄 수 있으면, 우리
는 그의 부모님과 함께 했던 속상한 아동기의 상황이나 아동기
나 청년기의 다른 유의한 모습을 그려 보라고 요구한다. 그들이
그들의 이미지 속의 사람들에게 무엇을 느끼고 생각하는지, 다
른 사람들로부터 무엇을 얻고 싶은지를 말하도록 지시한다. 그
들에게 타인의 반응을 소리 내어 상상하게 하고 그들(어린아이로
서)과 다른 모습(부모) 간의 이야기를 나누도록 요청한다. 그 뒤
에 아동기의 상황과 같다고 느끼는 현재 삶으로부터의 이미지로
돌리도록 요청한다. 다시 한 번, 환자는 자신의 성인 삶을 사는
사람과 그들이 무엇을 느끼고 생각하는지, 다른 사람들로부터
무엇을 얻고 싶은지 큰 소리로 말하며 이야기를 나눈다.

오직 한 부모에게만 연결되어 있는(다른 부모와는 연결되지 않
은) 도식과 양식을 끌어내기 위해서 각 부모에 대한(그리고 환자
의 아동기나 청년기의 다른 유의미한 심상들에 대한) 심상평가 훈련
을 반복한다. 비록 두 개의 심상 회기를 연이어 수행하지 않고
교대로 다른 형태의 평가를 하거나 친근감 형성에 몰두하는 경

향이 있지만, 대개 이 평가과정의 부분에서 몇 번의 회기가 필요하다.

심상훈련의 전형적인 순서는 아동기의 속상한 심상에서 현재의 삶에서 속상한 심상으로 진행하는데, 아동기의 충족되지 않은 욕구와 초기 부적응 도식의 기원을 인식하는 중심 목표들의 하나를 강화한다. 그러나 이 순서가 고정불변은 아니다.

예를 들어, 어떤 환자가 현재의 상황에서 이미 속상하여 치료 회기에 들어온다면, 우리는 이 상황을 출발점으로서의 이미지로 사용할 수 있고, 환자가 똑같이 느껴지는 아동기의 이미지를 가져오게 하여 그때로 돌아가서 작업을 한다. 환자 몸의 특정한 증상의 이미지나 강하지만 잘 이해되지 않았던 정서의 이미지를 출발점으로 사용할 수 있다. 예를 들어, "당신이 아플 때의 당신의 뒷모습을 떠올릴 수 있나요? 어떻게 생겼나요? 그 고통이 뭐라고 하나요?"라고 말할 수 있다.

심상훈련을 하는 것은 많은 주의가 필요하고 종종 환자의 입장에서는 어떤 어려움이 있게 된다. 만약 환자가 심상을 떠올리는 것을 주저하거나 심상을 만드는 것이 불가하다고 보고하면, 이러한 반응들을 (부적응) 회피 대처 방식이나 분리된 보호자 양식의 예로 말할 수 있다. 간결을 위하여 그러한 회피를 극복하기 위해 따라야 하는 몇 가지 단계를 간단히 목록화하겠다.

① 심상 작업의 논리적 근거에 관해서 환자에게 교육한다.

② 훈련을 하는 것의 장점과 단점을 적는다(종종 게슈탈트 치료

로부터 차용한 다른 경험적 기법인 두 의자 접근을 사용한다).

③ 심상 완화시키기와 같은 것으로 시작하고 단지 점차적으로 불안 유발 재료를 더 소개한다.

④ 마음챙김이나 명상 훈련과 같은 정서 조절 기법들을 사용한다.

⑤ 불안을 줄이기 위한 향정신성 의약품의 사용을 알아본다.

18

평가과정: 회기 내 행동과 치료관계

환자의 충족되지 않은 욕구, 도식, 대처 행동과 양식은 종종 치료관계에서 나타난다. 따라서 평가과정에는 정보의 출처로서 치료관계에 대한 상당한 관심이 포함된다. 도식들은 본래 상황과 관계에 따른 특징적인 행동들을 만들어 낸다. 예를 들어, 강한 승인 추구 도식을 지닌 개인은 자신에 대한 타인의 반응에 주의를 많이 하며 새로운 상황을 맞게 될 것이다. 특권의식 도식을 가진 다른 환자는 어떤 관계도 자신의 파트너에 대한 귀에 거슬리는 요구로 시작할 것이다. 이러한 특징적인 행동적, 인지적, 정서적 패턴은 평가 단계에서 촉발될 가능성이 매우 높다. 치료 초기 단계에서 흔히 있는 불확실성과 새로움과 더불어, 치료자의 질문의 개인적 특성은 자연적으로 그러한 촉발을 위한 많은 가능성을 제공한다.

우선 환자는 치료관계에 도식 주도적 방식들로 반응한다. 예를 들어, 승인 추구 도식을 가진 환자는 그들의 문제를 최소화하거나 인정받기 위해 극도로 순응하는 방법을 사용할 것이다. 특권의식 도식을 가진 사람은 아마 회기 길이와 시기에 대한 과도한 유연성과 같은 불합리한 특별한 수용을 요구할 것이다. 불신/학대 도식을 가진 환자는 비밀 보장에 대한 큰 염려를 보일 것이고 치료자가 메모하는 것을 불편하게 여길 것이다. 그리고 유기 도식을 가진 이는 한번 믿음이 만들어진 치료자에게 버려지는 것을 무서워해서 정서적 교류를 하지 않으려 할 것이다. (그 역 또한 사실이다. 30장에서 살펴볼 주제인 치료자의 도식 또한 잘 유발된다.)

관계 자체의 참신함을 떠나 평가 단계에서 사용되는 도구는 그 자체의 강한 개인적 특성 때문에 종종 도식을 촉발한다. 예를 들어, 긴 문항의 YSQ나 중다양식 검사를 완성하도록 할당되었을 때 의존성 도식을 가진 환자는 많은 도움을 요청할 것이다. 그리고 평가를 위해 상상을 하는 이론적 근거가 소개되었을 때, 실패 도식을 가진 환자는 상상을 충분히 잘할 수 없을 것 같은 두려움 때문에 상상해 보는 것조차 마음 내켜 하지 않을 수 있다.

도식이 회기 내 혹은 치료자에 대한 반응에서 촉발되면, 치료자와 환자는 무엇이 발생했는지를 논의하고 도식 자체와 그것을 촉발하는 세부 사건들을 협력하여 알아내고 명명할 수 있다. 이것이 모두 치료실에서 일어나기 때문에 느낌, 생각, 행동들이 모두 생생하게 보이고, 이는 그것들이 인식될 수 있다는 자신감과 그것들이 환자에게 전달된다는 명확성을 증가시킨다. 이러한 반응들이 정말로 도식 주도적이라는 것을 보여 주기 위해 치료자

는 환자에게 그러한 식으로 느끼고 반응해 왔던 다른 상황들과
그들에게서 과거 그러한 반응을 이끌어 낸 다른 사람들을 기억
해 보게 한다.

회기 내에서 관찰되는 어떤 행동들과 반응들은 만성적 도식
자체보다는 도식 양식(임시적인 상태)을 반영할 수 있다. 흔한 예
는 환자가 자신의 매우 속상한 생활사를 다시 들려줄 때 냉담하
거나 차분하게 보이는 것이다. 심리도식치료자는 이를 대처 양
식(회피 혹은 분리된 보호자 양식)의 행동이라고 인식하고 환자의
발표에서 나타난 명백한 다른 양식들뿐만 아니라 이 역시 적어
놓는다.

관계에 주의를 기울이는 것은 전이라는 정신분석 개념과 어떤
유사한 부분을 갖는다. 하지만 심리도식치료의 치료적 태도(특
히 치료자를 치료의 첫 순간부터 안내하는 제한된 재양육화 태도)는
정보의 출처로서 치료관계를 사용하는 정신분석적 전이 분석(나
중에는 바뀜)과 강하게 구별된다. 우리가 다른 곳에서 설명하듯
이(14장과 29장), 제한된 재양육화는 치료적 중립성과는 확실히
다르다. 전통적으로 훈련받은 치료자는 만약 그 자신이 전혀 중
립적이 아니라면 전이를 해석하기가 더 어려워질 것이라고 걱정
할 것이다. 우리는 이러한 걱정에 동의하지 않는다. 우리의 경험
(그리고 다른 이의 경험; 예: Wachtel, 2007)은 치료자의 기본적 태
도가 따뜻하고 양육적(혹은 충족적)이라 해도 다른 도식들을 가
진 환자들에게 매우 다른 반응들을 유발하게 될 것이라고 말한
다. 이처럼 강력하게 뿌리박힌 정서 반응들은 매우 유익하다.

치료관계를 정보의 출처로서 사용하는 것에 대한 마지막 요점
은 관계가 평가와 교육의 단계를 넘어 계속해서 중심적 중요 지
위에 있으며, 도식치료의 개입에서 중심 동력이라는 것이다(자
세한 사항은 14, 15, 23, 29장 참조).

19

도식과 양식 모델로 환자 교육하기, 도식 사례개념화 형태 사용하기

　평가 단계는 면담, 질문지, 평가를 위한 심상, 매일의 사고 기록, 치료관계와 회기 내 행동에 대한 치료자의 관심에서 수집한 정보를 종합한 서면화 및 통합된 개념화에서 완결된다. 어떤 정보의 출처는 더 분리되어 있고 이지적이며(예: 자기보고 질문지), 다른 것들은 더 정서 위주다(예: 평가를 위한 심상). 전체적으로 환자에게 그들의 도식을 이해하는 동시에 느낄 수 있도록 하는 지적이면서도 정서적인 정보를 만들어 낸다. 이런 식으로 환자와 치료자는 모든 개념화의 부분이 잘 들어맞는지(즉, 환자의 정서적 경험과 잘 공명하는지)를 결정할 수 있다.

　개념화의 완결(〈표 19-1〉 참조)은 인지행동치료 사례개념화에서 사용된 접근과 비슷하지만 더 넓은 의미다(예: Persons, 2008). 이러한 접근들과 같이 환자의 증상, 장애, 표출된 문제들을 기술하고 문제의 출현과 지속의 기제를 제안하고 현재의 문제 촉발인들을 확인하고 그 기제들의 기원을 다룬다. 이러한 접근들은 여러 방식으로 확장된다. 첫째, 단순히 도식, 대처 반응, 양식을 확인한다. 둘째, 인지(핵심 인지와 왜곡), 행동(굴복자, 도피 혹은 과잉 보상), 경험/심상(핵심 아동기 기억), 관계적 측면(치료관계에 대한 정보)과 가능한 기질적/생물학적 요인에 대한 특정한 주의를 집중한다. 마지막으로 환자의 표출된 문제의 기원, 지속 가능한 해결책에 대한 통합적 이야기를 제공하는 분명한 목적이 있다.

개념화는 환자와의 협력하에 만들어지며 환자에게 맞춰진다. 이러한 과정은 종종 한 회기 이상의 시간이 걸린다. 대부분의 사례에서 치료자는 사례개념화를 만들어지는 과정에 있는 미완성의 개념이나 초안으로 제시하고, 그에 대한 환자의 피드백을 간청한다. 치료자는 개념화 형태의 다른 요소들을 설명하고 거기에 환자들의 경험을 집어넣도록 요청한다. 그러면 환자가 부가적 정보들을 제공하고 초안에 대한 변화나 수정안들을 제시할 기회를 갖게 된다. 특정한 도식과 양식을 나타내는 데 사용되는 용어들은 완전히 유연해지고 환자들에게 의미가 통하는 용어로 대치될 수 있다. 예를 들어, 환자와 치료자는 분리된 보호자 양식이라는 용어를 사용하기보다 그것을 거품이나 벽이라고 지칭할 수도 있다.

심리도식치료 평가와 교육 단계는 종종 초기 치료관계에서 발생한다. 하지만 치료자가 임상적인 주의가 요구되는 우세한 축1 증상이 있다는 것을 결정할 때나 보다 집중된 증거기반 치료를 위하여 환자가 처음으로 솔직하게 공개한 경우, 치료자는 처음에 종래의 CBT 기술(혹은 다른 증거기반 접근)을 처음 사용한다.

〈표 19 - 1〉 심리도식치료 사례개념화

1	환자의 이름, 연령, 결혼 여부, 자녀(연령), 교육적 배경, 인종/종족/종교적 배경, 직업, 전반적 기능 수준
2	축1 증상/진단
3	현재(표출된) 문제, 그것들을 오랫동안 지속되어 온 삶의 패턴과 연결하기
4	발달적 기원(모든 돌봐 주는 사람이나 다른 관련된 가족 구성원에 대한 정보와 함께)
5	아동기 핵심 이미지/기억
6	충족되지 못한 핵심 욕구
7	관련된 도식
8	현재 이들 도식의 촉발인
9	대처 행동(만약 있다면 굴복자, 도피, 과잉 보상 행동을 포함하는)
10	관련 도식 양식
11	가능한 기질/생물학적 요인
12	핵심 인지와 왜곡
13	치료관계에 대한 정보
14	변화를 위한 목표와 초점

그러한 경우에 평가와 교육 단계는 치료의 나중 시점에 나타날 수 있다. 이는 환자의 요구나 치료자의 제안에 맞는 '장비의 변화'를 요구한다. 이에 대해서는 28장에서 다시 말하겠다.

사례개념화는 치료 자체에 대한 안내로서 기여한다. 그것은 개입의 주요 대상—환자들이 그들의 욕구를 만족시키는 것을 방해하며 임상적 관심을 요구하는 도식, 대처 반응, 양식—을 확인한다. 그러므로 좋은 사례개념화에 도달하는 것은 그것이 효과적이고 집중적인 차후의 일을 위한 단계를 설정한다는 점에

서 매우 중요하다. 정확한 개념화는 또한 환자가 승인받고 이해
받았다고 느끼도록 도와주고, 그럼으로써 치료적 동맹을 강화한
다. 마지막으로 개념화 자체와 그것이 만들어지는 개념화 과정
또한 치료 내의 강력한 교육적 목적으로 기여한다. 개념화는 환
자의 표출된 문제와 삶의 어려움에 발달적인 설명을 제공한다.
그것들은 종종 분명히 표현하기 너무 어려운 경험을 설명하기
위한 용어를 제공한다. 그리고 환자에게 현재의 고통과 그로부
터 벗어날 수 있는 방법의 체계가 있다는 것을 제안한다.

   평가 단계의 과정, 특히 개념화를 형성해 가는 과정에서 환자
는 그들의 도식과 양식을 인식하게 된다. 그리고 이러한 도식의
발달적 기원을 이해하게 된다. 환자는 그들의 삶 동안 어떻게 이
러한 부적응 패턴이 되풀이되는지를 알기 시작한다. 그리고 그
들은 그들의 도식을 조절하기 위해 발달된 부적응 대처 행동이
나 만연한 대처 방식이 종종 개인의 기질과 생애 초기 경험의 산
물이라는 것을 알기 시작한다. 그들의 도식과 양식을 그들의 표
출된 문제와 연결하고 아동기부터 지금까지의 행동(혹은 종종 증
상) 경험의 지속성을 바라보기 시작한다.

   사례개념화의 창조와 검토의 과정은 치료의 평가와 개입 단계
를 아우른다. 대부분의 경우 어떻게 그 두 단계가 함께 잘 엮이
는지 두드러진 사례를 제공힌다. 첫째, 심리도식치료자는 치료
의 입문부터 제한된 재양육화와 공감적 직면의 치료적 태도를
채택하기 시작한다. 둘째, 치료자는 평가와 교육 자체가 강력한
개입이며 개입의 전주곡이 아니라는 지식으로 안내된다. 마지막

으로, 평가와 교육은 사례개념화가 완성되었다고 중단되지 않는
다. 치료자는 항상 치료를 위해 새로운 정보에 주의를 기울이고
필요할 때 사례개념화를 다시 논의하고 고쳐 쓴다.

20

도구상자 1: 관계적 기법

심리도식치료는 매우 관계적이며 대인적이다. 심리도식치료자들은 환자가 비춰질 수 있는 중립적 스크린이 아니다. 그들은 방 안에서 매우 적극적으로 표출한다. 특정 유형의 존재는 한편으로는 심리도식치료를 정신역동치료와 구분하지만 다른 한편으로는 CBT의 다른 학파들과도 구분한다. 이것은 다른 인지행동치료자들과는 다르게 심리도식치료자들은 제한된 재양육과 공감적 직면의 개념에 이끌어지기 때문이다.

심리도식치료자의 관계적 태도(14, 15, 29장에 자세히 설명됨)는 두 가지 목표에 도움이 된다. 첫 번째이자 무엇보다도 중요한 목표는 환자가 그들의 욕구가 충분하고 건강하고 적응적인 방식으로 충족되는 교성적 정서 경험을 히도록 돌봄과 신뢰의 관계를 형성하는 것이다. 두 번째 목표는 그렇지 않으면 알아차리지 못할 수 있는(또는 적어도 그것들을 중지시키고 탐색하고 학습할 수 있는 기회 없이 발생하는) 환자의 도식과 양식에 의해서 조종되는 대인관계적인 행동적 순환과정을 탐색하기 위한 안전한 장소로서 관계를 이용하는 것이다. 보살피고 양육적이고 비처벌적인 태도로 행동하는 것은 목표가 아닐뿐더러 치료가 만들어 내려 하는 교정적 정서 경험을 성취하기 위한 하나의 수단이다.

심리도식치료자들은 회기 내에서든 회기 밖에서든(예: 과제 할당에 대한 환자의 반응들에서 혹은 회기 밖의 연락 이용 시) 도식이나 대처 방식들이 치료관계 자체에서 촉발되는 순간들에 주의를 기울인다. 마찬가지로 그들은 환자들이 회기에 가져오는 양식들과 관계 자체 내의 사건들에 응하여 촉발되는 양식들의 가능성에 대해서 지속적인 경계를 하여야 한다. 이것은 현재를 되돌아볼 수 있고 정서적 학습을 위한 기회로 나타난 것들을 이용할 수 있는 지속적인 능력을 요구한다.

심리도식치료자들은 필요하다면 환자의 도식을 촉발하는 것을 피하면 안 된다(그들이 단지 도식을 활성화하기 위해서 이를 일부러 하는 것이 아닐지라도). 여전히 도식들은 회기 내에서든 회기 밖에서든, 치료자가 특별히 주의를 하든 그렇지 않든 언제나 촉발된다. 도식의 활성화를 막는 대신, 심리도식치료자는 이러한 활성화의 처리과정에 초점을 맞추고 그로부터 생겨날 수 있는 심리적 성장을 극대화하려고 노력한다.

흔한 도식 촉발의 경우 Safran과 Muran(1996)이 치료적 균열이라고 부르는 것에 나타난다. 그러한 균열에서 때때로 매우 빠르게 환자와 치료자의 결합이 악화된다. 예를 들어, 치료자가 무심코 환자에게 한 언급은 정서적 결핍 도식을 가지고 있는 환자에게 오해나 잘못된 판단을 느끼도록 할 수 있다. (여담이지만 유사한 언급이 환자의 도식에 따라서 다른 생각과 감정으로 반응하도록 매우 잘 이끌 수 있다. 즉, 복종 도식은 통제되는 느낌을 갖게 하고, 특권의식 도식은 무시된 것 같은 느낌을 갖게 하는 것 등이다.) 종종 이러한 느낌은 환자들에게 반응하도록 한다(대개 침잠함과 동시에 분노나 불쾌의 표현).

일어난 것을 최소화하는 대신("오, 당신은 잘못 이해했어요. 나는 정말 다른 것을 의미한 거예요."), 심리도식치료자는 기회를 잡는다. 첫째, 치료자는 균열을 주목하고 인정한다. 이는 "지난 몇 분 간 당신이 매우 조용해진 것을 알았어요." 혹은 "잠깐만요. 우리 사이에 무슨 일이 생겼는지 살펴봐요."라고 말함으로써 가능해진다. 현재 관계 안에서 생겨나고 있는 것을 구조화하는 것은 대인 간 균열이 나의 잘못이나 너의 잘못이 아닌 관계적 사건이라는 관점과 일치하는 것이다.

만약 환자가 그들의 분노나 실망을 시인할 수 있다면 치료자는 공감하고 그들의 균열에 대한 자신들의 기여에 책임을 져야 한다. 때로 치료자는 환자의 시인이 없을 때조차 이와 같이 할 수 있다. 정말 치료자가 환자의 상처나 분노에 대해 사과하고 책임을 지고 공감하는 것을 보는 것은 아마 어떤 환자들에게는 보살핌의 관계 내에서 안전하게 부정적 감정을 느끼고 표현하는 가능성의 모델일 수 있다.

환자가 계속해서 물러나거나 자신의 느낌을 시인하지 않을 때, 치료자는 물러나기 자체에 초점을 맞춘다. "당신은 내게 화나지 않았다고 말했지만 왜 그렇지 않은지 궁금하네요. 내가 당신의 입장이라면 꽤 불편해질 것을 쉽게 상상할 수 있어요. 당신이 내게 화를 내면 무슨 일이 일어날 거라 생각하죠?" 이러한 질문으로 탐색함으로써 치료자는 환자가 건강한 성인 양식으로 참여하도록 초대한다. 환자가 회피하거나 물러나기 시작하기 전에 종종 다양한 상황에 따른 다양한 종류의 초대가 이루어진다.

이와 같이 어떤 균열을 조정하는 두 번째 방법은 특정한 경우를 근원적인 도식, 양식 혹은 대처 방식과의 연결과 관련시키는 것이다. 치료자와 환자 모두 현재에 중점을 두고, 나타나는 어떤 생각이나 느낌, 행동적 충동의 자각을 가지고 역사적 연결을 만들 수 있다. "당신은 살아오는 동안 다른 사람과 비슷한 느낌을 받았던 것을 기억하나요?" 가끔 그러한 연결은 치료자나 환자에게 이미 분명할 수 있고 명백하게 진술될 수도 있다. "당신도 알다시피, 내 발언이나 목소리 톤은 당신에게 문제가 있을 때 당신의 부모님이 반응했던 방식을 상기시키네요. 나는 당신 부모님이 그랬던 것과 똑같은 방식으로 했어요. 그것이 당신으로 하여금 오해받거나 평가받는다(혹은 예속된다 등)고 느끼게 만들었어요."

이러한 탐색의 한 결과는 특정한 도식이 촉발되었다는 것과 지금 사건과 과거의 다른 사건 사이에 어떤 유사성이 있다는 것의 이해다. 그러면 치료자는 환자에게 인식된 도식을 설명해 보라고 할 수도 있다(예: 인지적 기법을 사용하여; 21장 참조). 하지만 지금 여기에서 일어나는 사건들에 주의를 기울이는 힘은 즉시성과 매서움으로부터 나온다. 그것들을 이용하는 것은 종종 인지적 기법들 이상으로 유용하다. 치료자는 이 순간 역할놀이나 다른 행동적 또는 경험적 기법들을 선택할 수 있다(22, 23장 참조). 행동적 기술을 소개하는 것은 치료 내에서든 다른 관계에서든 미래에 유사한 촉발인이나 균열이 일어날 때 다르게 행동할 수 있는 환자의 능력을 강화시킬 수 있다. 그리고 경험적 기법들을 결합시키는 것은 특정 사건 및 촉발인과 그것의 기저 도식 간의 연결에 대한 정서적 이해를 심화시킨다.

21

도구상자 2: 인지적 기법

　환자와 치료자가 사례개념화를 확립하게 되면 그들은 또한 일련의 인지적 변화 목표를 확인한다. 즉, 존재하는 부적응 도식들을 약화하고 대안적이고 건강한 도식들을 강화한다. 동일한 변화 목표들이 역시 양식 용어들에서도 표현될 수 있다. 인지적 기법들은 건강한 성인 양식과 관련된 생각 방식을 강화하고 부적응 대처와 부모 양식으로 간주되는 생각 방식은 약화한다.

　적용성이 넓은 인지적 기법들은 심리도식치료자에게 유용하다. 그중 다수가 다른 형태의 CBT에서 사용되는 방법들과 유사하다. 심리도식치료자는 그것들을 자유롭게 가져오고 적절하다면 추가적 인지적 도구들을 발전시키도록(혹은 즉석에서 만들어내도록) 장려된다. 가장 넓게 사용되는 인지적 도구들은 다음과 같다.

자료와 증거 모으기

치료 초기에 많은 치료자는 도식 일지나 생각/느낌/행동의 일일 기록과 같은 다른 자기보고 기록 사용을 소개한다. 우리는 도식 일지(그리고 관련 도식 플래시카드)에 특별한 부분을 할애할 것이다. 여기서는 종종 인지행동치료에서 쓰이는 다른 양식인 가장 기초적인 보고서를 치료자가 사용하는 것에 대해 논의할 것이다(보고 기록지의 예는 [그림 21-1] 참조).

처음 소개됐을 때는 이들 모니터링 용지들이 치료자의 도움으로 회기 안에서 완성된다. 그 후에는 숙제로 부과된다. 이러한

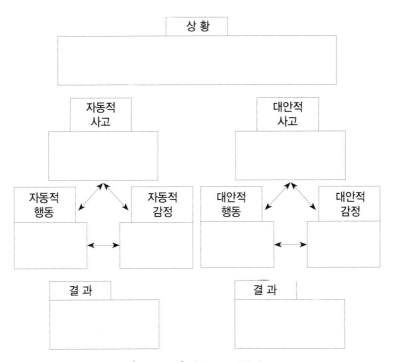

[그림 21-1] 일일사고 기록지

기록의 사용에 대해서는 검사 단계(16장 참조)에서 이미 논의했다. 도식 변화 단계에서 이러한 기록들은 우선 언짢은 사건들로부터 어떤 숙고를 할 수 있는 거리를 발달시키는 효과적인 방법을 제공한다. 처음에는 환자에게 매일의 특정한 사건을 기록하고 그 사건에 대한 그들의 자동적인 사고, 감정, 행동만을 적도록 한다. 그 후 환자는 자동적 사고를 묻는 방법, 그들을 움직이는 도식을 파악하고, 동일한 활성화 사건에 대해 더 건강한 반응과 대안을 제공할 수 있게 된다. 하지만 초기의 일일 기록의 사용에서[예를 들면, 어떠한 대안 반응을 발전시키기 전에 혹은 합리적 정서행동치료(REBT)에서 언급되는 논쟁 전에] (객관적인) 활성화 사건과 (주관적이고 도식 주도적인) 그에 대한 반응 사이를 쐐기로 고정할 수 있다. 한번 쐐기가 박히면 환자는 그들의 도식 주도적 관점에 부합하거나 반하는 증거를 시험하도록 배우거나 관점이 정확한지 혹은 일부 사례가 그렇듯 편파적인지를 이성적으로 결정하는 것을 배운다.

　Padesky(1994)가 처음 개발한 관련 인지적 기법은 긍정적 데이터 이력 기록(Positive Data Log)이다. 일일 기록(일상적으로 부적응적 도식을 맨 먼저 촉발하는 언짢은 사건들에 대한 반응으로 완성되는 경향이 있는)과는 달리, 이력 기록을 완결하려는 환자들은 건강하고 적응적인 대안적 도식들과 일치하는 매일의 삶의 사건과 증거를 적극적으로 모니터하도록 요구받는다. 이는 처음엔 종종 매우 어려운 과업이지만 천천히 많은 격려를 받으면서 수행된다면 매우 강력해질 수 있다. 그렇게 하기 위해서 치료자는 우선 이력 기록(그리고 그에 더함)을 숙제로 부과하지 않고 회기 내에 소개해야 한다. 이력 기록을 위한 논리적 근거가 명확하게 진술되고 정기적으로 검토되어야 한다. 그리고 (거의 불가피하게) 이력 기록을 완성하는 데 있어서 생겨나는 어려움도 논의되어야 한다(아래에서 언급될 일일 기록이나 도식 일지를 사용해서 진행해야 할 것이다).

도식에 맞고 반하는 증거를 조심히 수집하고 조사하는 세 번째 방법은 역사적인 전기 검토(Historical Life Review)다. 이 검토에서는 환자와 치료자가 환자 생애의 다양한 시점(예: 유아 초기, 유아기, 아동기, 청년 초기 등)에서 도식을 입증하거나 도식의 부당성을 입증하는 증거를 생성한다. 도식에 준하거나 반하는 증거(예: "나는 무능하다." 혹은 "나는 사랑받을 만하지 않다.")가 한번 구체화되면, 환자와 치료자는 그것을 검토하고 그 증거가 무엇을 암시하는지 요약한다. 대부분의 사례에서 그렇게 하는 것은 아마 도식 관점의 정확성과 그 발달의 기원에서 증거가 부족하다는 것을 명확하게 한다.

재구조화/재귀인

재구조화는 사건, 문제 혹은 상황에 대해 자동적으로 생성되는 구조와는 다른 인지 구조(혹은 설명)를 제공하는 것과 관련된다. 예를 들어, 좌절을 겪고 자신을 자동적으로 '무능력함, 패배

자, 실패'라고 판단하는 환자는 그 상황을 재구조화함으로써 이
익을 얻을 수 있다. 인지행동치료에서 전형적인 재구조화는 좌
절을 그 사람 자신으로부터 그의 행동이나 기술로 재귀인시킨다
("이번에는 잘하지 못했지만 그것이 당신이 실패했다는 것은 아니에
요." "이 특정한 기술은 익히지 못했고 이 기술이 이 상황에 정말로 필
요했어요. 당신이 그것을 익히기 위한 방법을 우리가 찾을 수 있는지
살펴봅시다."). 이런 재구조화는 심리도식치료에서도 일어난다.
더구나 심리도식치료는 도식들과 그 기원에 대한 보다 건강한
관점을 만들도록 돕기 위하여 재귀인을 이용한다. 예를 들어, 치
료자는 아마 환자가 그의 현재 생활 문제를 환자 자신의 타고난
것으로 보기보다 도식(예: 결함/수치심), 부적응적 대처 반응(굴복
자), 혹은 양식(비판적인 부모)으로 재귀인하도록 도울 것이다.

도식 플래시카드와 일지

도식 플래시카드(득점표시 카드)는 일상의 어려운(그리고 되풀
이되는) 상황에서 재귀인하기 위한 매우 구조화된 지침을 제공한
다. 플래시카드는 도식이 촉발되는 상황에서 환자가 항상 들고
다니며 현장에서 사용할 수 있도록 도식 촉발인에 대한 건강한
반응을 요약해서 적어 놓은 것이다.

플래시카드는 회기 내에서 공동으로 완성되며 명료한(그리고
잘 이해되는) 도식 재구조화의 발달과 충분한 자료의 수집을 요

구한다. 플래시카드는 이 관점에 대한 가장 강력한 건강한 반응
과 더불어 도식 관점에 반하는 가장 강력한 증거를 언급한다. 플
래시카드는 치료자와 환자가 환자의 경험에 관련된 문구를 적은
견본을 갖고 있다. 완성된 플래시카드는 아마 다음과 같이 읽힐
것이다(볼드체는 환자와 치료자가 완성한 부분을 의미한다).

지금 현재 나는 **내 일에 대한 무능력에 우울함**을 느낀다. **나는 직장에**
서의 다른 작업을 완성하는 것에 실패했기 때문이다. 그리고 **내 상사**
가 짜증을 내거나 심지어 내게 가혹하게 대할 것이라 예상한다. 하지
만 그러한 것들은 아마 나의 **결함, 실패 그리고 가혹한 기준** 도식에서
촉발된 것이라는 것을 안다. 나는 이를 **내 어머니의 그녀 자신과 나에**
대한 반복되는 비판과 완벽주의적 태도를 통해 배웠다. 이러한 도식들
은 **실제라 할지라도 내가 나의 좌절이 파멸을 초래하게 될 것**이라는
정도로 과장하게 한다.
나의 무능력함이 알려져서 내가 직업을 잃거나 수치스러워질 거라고
믿는다 할지라도, 현실은 **직장에서 실제로 나는 꽤 좋은 기록을 갖고**
있고 상사가 그것을 안다(그리고 종종 **그녀 자신이 내게 그것을 상기시켜**
준다)는 것이다. **내가 이 업무를 제시간에 끝내지 못한다** 하더라도, **일**
정보다 심각하게 많이 처지는 것은 아니다. 이 건강한 관점을 지지하
는 내 생활에서의 증기는 다음과 같다. **나의 업무 성과는 사전에 내가**
매우 염려했을 때조차도 지속적으로 좋았다. 그리고 지난 프로젝트로
상사에게 칭찬을 받았고 심지어 지난주에도 어떤 일을 할 때 그녀가
내게 조언을 구하며 내게 의지하였으므로, 내가 절대 이 일을 끝낼 수

없을 것이기에 노력할 필요가 없다고 느낄지라도(일을 중단하고 도움을 요청하고 싶지 않지만) 나는 대신 그녀에게 전화를 해서 내가 고군분투하고 있는 부분에 대해 말하고 내가 실성한 것처럼 느끼지 않은 채 그 업무를 끝낼 수 있는 새로운 시간표를 알아낼 수 있다.

플래시카드는 대부분 종류의 사건들, 그리고 특히 재발하는 경향이 있는 사건들을 위해서 만들 수 있다. 게다가 도식 일지는 도식이 새로운 상황에서 촉발되거나 다양한 상황에서 촉발될 때 환자가 필요하면 사용할 수 있는 보다 뛰어나고 유연한 도구를 제공한다. 일지는 매일 관찰 기록처럼 촉발인(활성화 사건), 정서, 생각 그리고 행동들을 찾는 설명과 함께 시작된다. 그다음에는 환자가 촉발된 도식을 알아내고 유사한 아동기, 청년기 경험(즉, 현재의 도식 촉발인의 발달적 선행 요인)을 적도록 하는 것이 요구된다. 환자는 그들의 어떤 반응이 실제적이고 어떤 반응이 그렇지 않은지 적어야 한다(예: 그들이 상황을 악화시키는 어떤 행동을 했는가? 그들이 상황을 잘못 해석하거나 과장하지 않았는가?). 그 후 상황에 대한 건강한 관점(기본적으로 인지 재구조화)과 건강한 행동(기본적으로 문제중심 또는 정서중심 대처 방식)을 적어야 한다.

도식 대화

대화 기법들은 환자가 이미 도식의 측면과 건강한 측면의 두 가지 존재 확인하기를 배웠다고 가정한다. 그러면 치료자는 환자가 대화에 참여하도록 하거나 이 두 측면을 포함한 역할극을 하도록 초대할 것이다. 가끔 환자들은 이러한 기법을 사용하는 것을 불편하게 느낀다. 그들의 참여에 관한 결정은 결국 협동적인 것이어야 함에도 불구하고, 환자들은 종종 기법을 시험해 보라는 치료자의 친절한 격려에 반응한다.

도식 대화에 처음으로 참여할 때, 환자가 도식 측면을 연기하고 치료자는 건강한 측면을 연기한다. 치료자는 환자에게 이러한 방법으로 그 기법을 사용하라고 초대할 것이다. "도식 측면과 건강한 측면 사이에 논쟁을 해 봅시다. 당신은 도식 측면의 배역을 하고 나는 건강한 측면의 배역을 하겠습니다. 당신의 임무는 최대한 열심히 도식이 올바르다는 것을 입증하는 것이고, 나의 임무는 최대한 열심히 도식이 잘못됐다는 것을 밝히는 것입니다." 이런 방식으로 시작하는 것은 처음에는 환자들이 건강한 측면의 목소리를 낸 경험이 거의 없어서 치료자가 그렇게 하는 것을 관찰하는 것이 유용할 수 있기 때문이다. 게다가 환자들이 도식 측면을 표현하는 것으로 시작하는 것은 도식 관점의 드러나지 않은 생각과 느낌의 더 풍부하고 구체화된 이해를 갖도록 돕고, 도식 측면에서 어떤 논쟁이 제기되어도 치료자가 대조된 부분으로 맞설 수 있도록 해 준다.

　최종적으로 환자가 건강한 측면을 맡고 도식의 논쟁에 반대하도록 하며 건강한 반응으로 맞서도록 한다. 이는 종종 어렵고 치료자의 자문이나 본보기가 필요하다. 따라서 환자가 얼마나 쉽게 건강한 측면으로 이동하느냐에 따라 치료자는 건강한 측면과 도식의 측면 사이 환자의 교류와 함께 치료자가 도식 측면을 가장하거나 혹은 코치처럼 행동할 것이다. 첫 번째 대본(치료자가 도식 측면의 역할을 함)에서는 환자와 치료자가 의자를 바꾸는 것이 종종 유용하다. 두 번째 대본(치료자가 코치 역할을 함)에서는 치료자가 코치로서 논쟁의 방관자로 서 있는 채로 환자가 두 의자를 바꿀 것이다(의자 작업을 포함한 실험적 방법의 자세한 설명은 22장 참조; 또한 Kellogg, 2004 참조).

　각각의 사례에서 건강한 측면이 우세할 때까지 대화는 반드시 지속되어야 한다. 처음에는 환자 혼자서 이러한 결과에 도달할 수 없을 것이다. 치료자는 건강한 측면이 항상 승자라는 것을 확신하는 충분한 격려를 해 주어야 한다. 이러한 훈련이 반복되면 환자가 독립적으로 대화하는 능력을 가질 동안 치료자는 점점 더 과거로 거슬러 갈 가능성이 높다.

22

도구상자 3: 정서중심 기법

정서중심 기법들은 초기 부적응 도식을 치료하기 위해 심리도
식치료자가 처분할 수 있는 것 중 가장 강력한 도구의 하나다.
치료자는 종종 초기 부적응 도식을 바꾸기 위한 사고 기록, 도식
플래시카드, 도식 일지와 같은 인지적 기법들을 이용함으로써
심리도식치료의 변화 단계를 시작한다. 이러한 방법들은 환자에
게 도식과의 어떤 지적 거리감을 얻게끔 한다. 하지만 도식에 딸
려 있는 강렬한 정서는 종종 여전히 남아 있다. "이제 내가 결함
이 있지 않다고 알고 있어요. 대신 나는 결함 도식을 갖고 있죠.
하지만 나는 여전히 결함을 느껴요."라고 환자가 말한다. 정서
중심 기법들의 목적은 환자가 다르게 느끼도록 돕는 것이다. 즉,
도식의 정서적 힘을 없애는 것이다.

심리도식치료의 정서중심 기법들에서 가장 중요한 것은 [심리
도식치료가 편지 쓰기(Young et al., 2003)와 같은 다른 정서적 방법들
을 사용하긴 하지만] 역할연기와 상상요법이다. 심리도식치료는

게슈탈트 치료(Kellogg, 2004)에서 역할연기 기법들을 가져왔다. 역할연기는 치료자가 환자에게 그 자신이나 그의 부모님의 다른 면 혹은 그의 인생, 과거 혹은 현재에서의 다른 주요한 특징과 같은 다양한 역할을 연기하게 하는 측면에서 유연한 방법이다. 치료자는 환자에게 역할을 바꾸어 가며 왔다 갔다 하면서 환자가 그들 사이의 대화를 이끌어 내도록 요구한다. 치료자 역시 대화에 참여하며 역할을 연기할 수 있다.

이 기법들에서 가장 잘 알려진 것은 두 의자 방법이다. 환자가 그의 첫 번째 역할을 할 때 한 의자에 앉는다. 그다음 다른 역할을 가정할 때 의자를 바꾼다. 두 개 이상의 의자가 다양한 역할을 수용하는 데 쓰일 것이다. 의자를 바꿀 때 환자는 각각의 역할과 연계되는 느낌, 생각, 기억과 육체적 감각을 더 생동감 있고 뚜렷이 보이게 하면서 그들이 연기하는 역할을 구현한다(Kellogg, 2004). 치료자는 만들어진 장면의 행동을 무대 감독하고 그들이 그들 자신의 장면으로 들어갈 때 연기자의 역할을 상정하고, 필요할 때 환자를 코치하고 환자의 반응을 관찰하고 일어나는 행동을 지적하며 치료자의 역할을 다시 취한다.

상상요법들은 역할극 방법들과 많은 공통점을 지닌다. 하지만 환자의 취약한 아동 양식에 접근하고 치료자가 환자의 초기 상처(즉, 도식)를 직접적으로 치료하기에 훨씬 강력한 수단이 될 수 있다. 앞서 언급했듯이, 환자는 일상적으로 정서적 고통에서 벗어나기 위한 책략으로 회피를 사용한다. 치료자가 환자에게 눈을 감고 아동기의 장면을 자연스럽게 떠올리도록 하면, 그들은 환자들의 대처 양식들을 우회한다. 떠오르는 이미지는 거의 항상 환자의 초기 발달 욕구가 충족되지 않은 초기 부적응 도식을 형성하게 한 고통스러운 사건들과 연결되어 있다.

이러한 경험적 기법들은 공통의 기제를 갖는다. 인지치료는 현재까지 부적응 도식이 사고의 왜곡된 방식을 수반한다는 개념을 강조하는 경향이 있는 것과는 대조적으로 도식의 정서적인 요소에 신경을 덜 썼다. 하지만 최근 연구에서는 도식은 인지가 뜨거울 때(인지와 연관된 정서가 함께 활성화될 때) 가장 바뀌기 쉽다는 것을 보여 준다(David & Szentagotai, 2006). 정서중심 기법들은 이 원리를 이용하여 도식을 촉발하여서 도식과 연관된 인지, 정서, 대부분의 감각 그리고 기억을 활성화한다.

게다가 도식을 떠오르게 하는 경험들은 종종 전적으로 비언어적이다. 예를 들어, 그의 방에 혼자 앉아 부모님이 돌아오시길 기다리거나 부모 간의 싸움을 목격하거나 신체적, 정서적 혹은 성적 학대를 당한 아이는 주로 정서적이고 전적으로 비언어적인 경험을 갖는다. 도식이 생겨나는 많은 경험은 심지어 언어 발달보다 앞서고, 그렇기에 선천적으로 말하기 전에 갖게 된다. 당연히 아이는 이러한 경험을 언어적으로 반영할 수 있다(예: "아무도 나와 있고 싶지 않아 했어요." "부모님이 싸우는 건 나 때문이었어요."). 하지만 그기 경험한 많은 것은 시각적 이미지, 신체 감각 혹은 정서와 같이 비언어적으로 부호화될 것이다(Smucker & Boos, 2005). 이러한 생각들이 정서중심 기법들이 도식의 비언어적, 정서적 요소를 바꾸는 데 가장 효과적인 방법이 될 수 있음을 시사한다.

　정서중심 기법들은 더 심화된 의도를 갖는다. 사람들이 고통스러운 정서를 처리할 때 가장 많이 사용하는 기제는 회피다(Borkovec et al., 2004). 환자가 실제 정서를 회피하는 과도하게 이성적이고 동떨어진 태도로 경험들을 이야기할 때, 그들의 도식들은 바뀌지 않은 채로 남아 있는 경향이 있다. 정서중심 기법들은 이러한 회피적 형태의 대처들을 우회한다. 이들 기법은 정서적 기억이 더 효과적으로 재생될 수 있도록 그에 직접적으로 접근한다.

23

도구상자 4: 행동 패턴의 파괴

　심리도식치료에서 마지막 도구상자는 행동 변화에 초점을 둔 행동 패턴 파괴 기법들이다. 이 기법들을 적용하면 현존하는 도식 주도적 행동 패턴을 보다 건강하고 적응적 행동들로 대체할 수 있다. 그러므로 그 목적은 심리도식치료에서 습득된 통찰과 지식을 일반화하는 것이다. 왜냐하면 이것들 단독으로는 자동적으로 다르게 행동하거나 더 적응적으로 행동하게끔 바꾸지 않기 때문이다.

　행동 패턴의 파괴는 종종 가장 긴 시간이 걸리며 초기 (관계적, 인지적, 정서적) 변화가 이미 일어난 이후 치료의 다음 단계까지 지속된다. 그렇다 하더라도 심리도식치료가 종종 축1 문제들을 위한 인지행동치료 과정 이후 시행되기에 특정 행동 기법들(예: 노출, 반응 방지, 시연, 활동 계획, 행동실험)은 이미 환자에게 익숙해져서 초기 시점에서 사용될 수 있다.

　행동 변화의 구체적 목표는 도식을 영속화하는 데 기여하는,

손대지 않고 둔 도식 주도적 대처 행동들이다. 예를 들어, 유기 도식이 있는 이에게 부적응 행동으로는 요구에 응할 수 없는 냉담한 상대방을 선택하는 것(굴복자 대처 방식), 사전 방어적으로 상대에게 매달리거나 밀어내는 것(과잉 보상 대처 방식), 혹은 함께하는 친밀감을 피하는 것(회피 대처 방식)이 있다. 변화를 위한 가장 중요한 목표들의 행동적 작업을 안내하는 좋은 방법은 사정 단계에서 이뤄진 사례개념화를 특히 대처 행동 부분에 주목하여 검토(그리고 가능하다면 개정)하는 것이다.

어떠한 특별 행동이 목표로 선택되면 치료자와 환자는 그 행동을 최대한 상세히 설명하는 작업을 한다. 무엇이 그 행동을 촉발하는가? 행동이 전개될 때 무슨 일이 일어나는가? 행동의 일반적인 결과는 무엇인가? 환자가 질문에 대답하려 노력할 때 치료자는 촉발 상황을 생생하게 회상하고 패턴 자체의 세부 사항들과 그에 동반되는 생각과 느낌을 기억해 내도록 돕는 심상을 사용하도록 제안할 수 있다.

흔히 사용되는 기법의 일부는 다음과 같다.

대안적 건강한 행동에 중점을 둔 도식 플래시카드 개발하기

예를 들어, 고통스러운 유기 도식을 다루기 위해서 굴복자 대처 방식을 종종 사용하는 환자는 그녀의 일상적 반응들(예: 결혼했거나 여자친구가 있는 사람과의 관계를 추구함)과 도식 기원을 검토하는 도식 플래시카드를 만들 것이다. 그렇다면 플래시카드는 다르게 행동하는 지시를 넣을 것이다(예: 쓸쓸함을 느낄 때 위로해 줄 수 있는 더 높은 가능성을 지닌 관계를 추구한다).

상상으로 혹은 역할극으로 행동 시연하기

새로운 행동이 생겨날 가능성을 높이기 위해 회기 중에 환자들에게 눈을 감고 행동이 생겨날 수 있는 관련 상황을 생생하게 상상하도록 하거나 역할극을 하도록 격려한다. 예를 들어, 위에 설명된 환자는 아마 가능성 있는 데이트에 접근하고 적절하지 않은 상대와의 관계 발달은 정중하게 거절하는 시연이 필요할 것이다.

행동적 숙제 내주기

인지행동치료로부터 알고 있듯이, 성공적인 행동 계획은 종종 어려운 행동하기, 망가뜨리기, 그리고 행동에 관한 개인적(혹은 공적) 공언으로부터 얻는다. 예를 들어, 앞서 말한 환자는 큰 과업(예: 다시 데이트하기)과 씨름할 때 치료자의 도움을 받을 수 있다. 이 거대한 목표에 대한 특정한 단계들(예: 데이트 사이트에 가입하기)은 숙제처럼 배정될 수 있고 다음 회기에서 행동의 발전이 검토될 수 있다. 이러한 접근은 환자가 그들 자신에게 책임이 있음을 느낄 가능성을 증가시키고, 또한 치료자가 건강한 행동을 강화하는 기회를 제공한다.

자기관리 보상 관련 행동과 유관성을 연합하기

치료자와 환자는 건강한 행동의 보상으로 긍정적인 유관성을 사용하는 것의 선택권을 논의할 수 있다. 세부적 보상은 모든 사람이 다 다를 것이다(어떤 이에게는 작은 선물을 사 주고, 누군가에게는 자기 양육 같은 행동을 하도록 허락해 주고, 치료자에게는 전화하여 배당된 숙제의 성공적 완수를 알리는 메시지를 남긴다).

극단적인 사례들에서 환자가 지속적으로 행동 변화를 이루지 못하면 치료자는 건강한 행동의 부족에 대한 유관적 반응으로서 치료 중단을 제안할 것이다. 치료자는 이를 변화에 대한 준비성의 문제로 표현할 것이며 환자가 준비되는 대로 치료를 재개할 것이라고 말할 것이다. 이것은 치료자가 치료 내에 남아 있는 다른 이익들이 행동 변화 목표를 위한 진척의 부족보다 뛰어나지 않다고 믿을 때만 가능한 드문 제안이란 것을 명심하라. 이것이 사용될 때 종종 '마지막 단 한 번의 시도'(치료에서 휴식을 갖기 전 결연한 노력 기간)를 제안하는 것이 가장 좋다. "우리가 말한 이러한 변화를 당신이 할 수 있는지 3~4주 정도 더 해 보는 것은 어떤가요? 그렇지 않으면 잠시 만남을 중단하고 당신이 치료를 재개할 준비가 됐을 때 제게 연락하실 수 있습니다."

24

양식 대화와 상상하기

양식 작업은 우리가 제시한 다양한 도구를 통해 이뤄진다. 하지만 특별히 정서중심 기법들의 대화와 상상하기를 사용한다.

양식 작업에서의 대화

심리도식치료자가 사용하는 역할극의 가장 단순한 형태는 '도식 대화'다. 치료자가 환자에게 그들의 도식의 측면을 연기하도록 하고 건강한 어른 역할을 취하기 위해 의자를 바꾼다. 건강한 성인은 도식 측면의 왜곡된 시각을 반박하는 논쟁과 증거를 통해 환자의 도식 측면에 도전한다. 이 방법은 치료자와 환자가 함께 환자의 신념 타당성을 검사하는 부분에서 '협력적 경험주의'라고 알려진 인지치료 기법과 공통점을 많이 갖고 있다(Segal & Shaw, 1996). 하지만 이 역시 경험적 기법이기에 도식 대화는 위에서 말했듯이 그 효과성을 높이는 환자의 도식 활성화라는 이점을 갖고 있다.

역할연기는 특히 도식 양식 작업과 조합될 때 효과적이다. 양식 작업에서 치료자는 환자들에게 다른 양식의 역할을 취하고자 의자를 바꾸며 그들의 다른 측면들(즉, 다른 양식들)을 연기하도록 한다. 예를 들어, 치료자는 환자에게 정서를 두려워하고 회피하는 분리된 보호자 측면과 정서적 접촉이 필요한 취약한 아동 사이를 왔다 갔다 하도록 요청할 수 있다. 혹은 치료자가 다른 환자에게 분노한 아동의 역할을 맡게 하여 처벌적인 부모에 대한 그녀의 억눌린 분노를 발산하도록 할 수도 있다.

이러한 대화는 미리 정해진 대본을 따르지 않기 때문에 훈련을 풍성하게 해 줄 수 있으며, 예상치 못한 방향으로 발전할 수도 있다. 예를 들어, 우리는 종종 환자의 어려움을 명백히 하는 부가적 양식들이 자연스럽게 나타나는 것을 목격한다. 치료자는 또한 새로운 캐릭터(예: 더 건강한 양식, 지지적인 성인 돌보미)를 소개할 수도 있고 환자가 예전의 정서 경험 대신 새롭고 교정적인 정서 경험을 할 수 있도록 과거의 고통스럽고 외상적인 장면들을 다시 쓰게 할 수도 있다. 예를 들어, 치료자는 취약한 아동이 그의 욕구를 혼자 그대로 간직하는 대신 처벌적인 부모에게 직접적으로 말하도록 돕는다.

양식 작업에서의 상상하기

상상하기는 사정을 위해서(17장 참조), 그리고 도식 변화를 촉진하기 위해서 심리도식치료에서 사용된다. 도식 변화에서 사용될 때, 상상하기는 환자가 겪은 고통스럽고 외상적인 장면에서부터 치료자가 재양육을 통해 심리도식치료를 촉진하도록 요소들을 바꾸는 고쳐 쓰기를 수반한다(Young et al., 2003). 치료자들은 대개 환자가 눈을 감고 그들을 괴롭히는 현재 장면을 떠올리게 하는 것으로 시작한다. 현재의 언짢은 장면에 집중함으로써 치료자는 현재 활성화되어 있는 도식과 함께 작업할 수 있다.

치료자는 환자에게 현재 일어나고 있는 것처럼 그 장면에서 그들과 다른 사람들이 무엇을 하는지, 느끼는지, 생각하는지와 같은 세부 사항과 함께 현재형으로 그 장면을 생생히 묘사하도록 한다. 환자가 풍부한 세부 사항으로 장면을 묘사할수록 그와 관련된 정서는 더 강렬하게 증가할 것이다. 그리고 나서 치료자가 환자에게 그 이미지를 놓게 하지만 그와 관련된 감정을 가진 채로 다시 과거, 아동기로 여행하며 방금 겪은 것과 같거나 비슷한 느낌을 만들어 내는 다른 이미지를 허락한다. 환자의 아동기의 새로운 이미지는 거의 항상 현재 상황의 도식들과 공유되어 환자가 과거 자신의 주제들이 현재 삶에 발현되는 방식을 이해할 수 있도록 한다.

환자들은 과거의 장면들을 다시 체험할 때 그 고통스러운 사건들로부터 비롯된 비통, 공포, 수치, 죄책감이나 격노의 감정을

분출할 수 있다. 치료자는 주로 들으면서 환자에게 더 많은 세부
사항을 물어봄으로써 그 과정을 촉진한다. 이러한 과정이 일어
나는 동안 치료자는 아동의 충족되지 않은 혹은 좌절된 발달적
욕구 및 그로부터 생겨난 도식과 대처 반응(혹은 양식)을 평가한
다. 치료자는 환자에게 그때 아동이 원했지만 그 사건들이 발생
했을 때에는 충족할 수 없었던 어떤 것들을 제공하기 위하여 그
이미지에 들어가는 것에 대한 허락을 구한다. 그 자신이 이미지
에 들어감으로써, 치료자는 (예를 들어, 아이의 요구에 맞춰 편안함,
타당성 혹은 보호를 제공하면서) 아이를 직접적으로 재양육할 수
있다. 상상하기를 통한 재양육의 경험은 환자의 초기 상처를 치
료하는 심리도식치료자의 방법들 중에서 가장 강력하다. 환자는
종종 이러한 상상하기 훈련이 심리도식치료에서 가장 유익한 경
험이었다고 말한다.

환자의 초기 경험이 외상적일 때는 심리도식치료에서의 상상
과 재구성하기의 활용은 다른 형태를 띤다. 첫째, 치료자는 보통
탈보상이나 재외상화의 위험 없이 견딜 수 있을 만큼 환자가 충
분히 강해진 후에 치료에서 그러한 상상하기를 시행한다. 둘째,
치료자는 환자가 상상하기의 경험을 더 안전하고 더 통제 가능
하다고 느끼도록 돕는 기법들(예: '안전한 장소' 이미지로 상상하기
를 시작하고 끝맺으며 이미지 안의 시간을 제한)을 소개한다. 마지
막으로, 이미지가 외상적이면 재빨리, 강제적으로 개입한다. 치
료자는 장면이 외상적이 되면 바로 중단시키고 환자에게 아동을
지키기 위한 이미지에 들어가는 것을 허락받는다. 그리고 치료

자는 그 이미지의 아동을 보호할 수 있는(예를 들어, 그들 자신을 학대하는 부모와 아동 사이에 두거나 그들이 부모가 학대하는 것을 막음으로써) 어떤 것이든 다 해야 한다.

많은 연구에서는 외상적 경험에서 다양한 상상하기 기법의 효과성이 지지되었다(Davidson & Parker, 2001: Foa et al., 2005; Smucker & Boos, 2005). 하지만 심리도식치료자가 사용하는 고쳐 쓰기 형태는 다른 형태들과 어떤 중요한 관점들에서 구별된다. 예를 들어, 지속적인 노출 방법들(Foa, Hembree, & Rothbaum, 2007)과 비교하면, 심리도식치료자들은 시간이 오래 걸리는 주된 행동치료자들과는 다르게 환자들의 외상적 경험을 완화시키는 데 더 적은 시간을 사용하고 대신에 이미지 안의 아동을 보호하기 위하여 빨리 개입한다. 다른 외상 재처리 방법인 EMDR(Davidson & Parker, 2001)과 비교하면, 심리도식치료자들은 외상에서 파생되는 환자의 자유연상을 따라가기보다 환자의 초기 발달적 욕구를 충족할 수 있도록 외상적 기억을 재구성하는, EMDR보다 더 유도적인 접근을 사용한다. 이와 같이 다른 상상하기 방법들과 공통적인 어떤 요소들을 공유하지만, 심리도식치료는 환자의 초기 외상을 치료하기 위한 교정적인 정서적 경험을 제공하는 데 중점을 둔다.

25

경계선 성격장애 치료의 특정 사항

심리도식치료는 경계선 성격장애의 치료를 위한 접근으로서 전폭적인 인정과 연구적 지지를 얻었다. 이러한 장애를 가진 개인은 광범위한 변덕으로 고통받는다. 변덕이나 불안정성은 그들의 정서, 대인관계, 자기 관점과 자신의 행동을 조절하는 능력에서 생겨난다. 이는 강렬한 분노와 놀라운 충동성 그리고 자살이나 자해 행위를 포함한 빈번한 위기로 점철된 삶이 되게 한다. 이러한 개인은 반복되는 심각한 정서적 고통을 느끼며, 고통은 종종 그들이 사랑하는 사람의 삶에도 적용되곤 한다.

경계선 성격장애는 초기 발달의 기질적 취약성과 외상적인(혹은 최소한 생각이나 감정을 무시하는) 환경의 상호작용으로부터 나타난다고 추정된다. 경계선 성격장애의 근본적인 생물학적 요인에서는 진정되기 어려움이 유아기와 아동기에 뚜렷이 나타난 불안정한 정서적 기질로 보인다. 이는 불안정 애착관계를 야기하거나 직접적으로 그에 관련이 있는 경향이 있다. 하지만 그것들

은 완전히 환경적/가족적 요인들의 결과일 수도 있다. 심리도식
치료(예: Young et al., 2003)는 경계선 성격장애로 발전되어 가는
성인들의 초기 공통 경험의 네 가지 요인을 알아냈다. 그것은 불
안정과 안전의 부족, 정서적 결핍, 처벌적이고 거부하는 부모 행
동, 지배적 가정환경(아이의 욕구가 부모의 욕구보다 부수적으로 보
이는)이다.

여러 해 동안 환자의 경계선 성격장애 진단은 임상의에게 경
고 신호처럼 보였다. "어렵거나 심지어 치료되지 않는 환자를 조
심하라." 하지만 지난 20년간 이 장애 자체의 엄청난 이해와 효
과적인 치료책에 대한 고무적인 소식이 있었다. 이는 정서 조절
곤란(Linehan, 1993), 부정적 역기능적 핵심신념(Butler, Brown,
Beck, & Grisham, 2002), 대상관계 발달 부진(Kenberg, 1976), 정
신화 불능에 이르게 하는 와해된 애착관계(Bateman & Fonagy,
2004)의 장애로 개념화되어 왔다. 각각의 이러한 접근법들은 그
결과에서 유망한 치료 모델을 만들어 왔다.

중요한 것은 이러한 개념화는 상호 배타적일 필요가 없다는
것이다. 대신 이러한 여러 가지 인지적, 정서적, 행동적 그리고
대인적 증상의 복합적 장애는 현재의 증상과 과거 발달에 대해
거의 모두 다루는 통합적 치료 접근을 절실히 필요로 한다. 심리
도식치료는 그러한 통합적 접근을 제공하고 명백히 인지적, 정
서적, 행동적, 대인적 도구들을 사용한다(20~23장 참조). 도식
양식의 개념(8~13장 참조)이 심리도식치료에 바로 소개되었고
정확히 경계선 성격장애의 기본 증상(즉, 불안정)의 이해와 치료

를 도왔다.

경계선 성격장애에 심리도식치료 모델 적용하기

많은(혹은 거의 대부분의) 경계선 성격장애 환자들이 초기 부적
응 도식을 보임에도 불구하고 만성, 만연하는 도식 개념에서는
설명되지 않는 불안정의 핵심 증상이 남아 있다. 이것이 양식 개
념 개발의 주요 원동력이 되었다. 양식은 분명한 기분, 동기, 기
억, 심상과 사고들을 포함하는 일시적이고 변화하는 상태다. 경
계선 성격장애에 익숙한 임상가들은 종종 매우 급작스럽고 강렬
하게 바뀌는 이 환자의 극단적 정서적 상태와 동기적 상태(분노
나 자기 혐오, 이상화나 평가절하, 강렬한 감정과 무감각한 공허함)를
안다. 심리도식치료에서는 다음에 설명할 비교적 고정된 일련의
도식 양식 사이에서의 변화로서 이러한 변동을 볼 수 있다.

경계선 성격장애에서 가장 두드러지게 보이는 도식 양식은 분
리된 보호자(회피적 부적응 대처 양식의 독특한 형태), 유기/학대된
아동(취약한 아동 양식의 독특한 형태), 분노한/충동적인 아동 양
식, 처벌적인 부모 양식 그리고 건강한 성인 양식(종종 매우 약하
거나 심지어 거의 없다)이다.

경계선 성격장애 환자들의 취약성은 그들의 유기/학대된 아동
양식에 있다. 이 양식은 환자가 어린 아동으로서 학대, 무시, 냉
대 혹은 유기가 가장 두드러진 그때의 기억, 감정, 감각, 사고를

포함한다. 유기/학대된 아동 양식에서 환자는 매우 절박하고 애정에 굶주려 있으며, 의기소침하고 마치 어린아이처럼 말하고 행동한다. 성인 환자들이 이 양식을 이해하도록 돕고 그들 자신의 상처받은 아동과 함께 최대한 많이 공감하도록 돕기 위해 종종 이 양식을 '작은 [환자 이름]'이라고 말한다. 예를 들어, 환자의 이름이 캐롤라인이라면 이 양식은 작은 캐롤라인이라고 불릴 것이다.

솔직하고 침착한 취약성은 경계선 성격장애에서는 종종 발현되지 못한다. 대신 현재의 사건들이 (치료 내에서 혹은 치료 밖에서) 환자들의 도식을 촉발시키면 그들은 매우 빈번하게 분노한/충동적인 아동 양식으로 바뀐다. 예를 들어, 캐롤라인은 관계 파트너가 그녀를 불쾌하게 했을 때 고통과 취약성을 바로 표현하는 데 큰 어려움을 겪는다. 그러한 입장에서 캐롤라인은 아마 좌절하거나 화가 나 우리가 말하는 '화난 캐롤라인' 양식에 있을 것이다. 이 양식은 부당한 처우와 무시하려는 처우에 맞서 싸우려는 초기의 시도에 근원을 두고 있다. 종종 이러한 분노나 충동적인 폭발을 통해 아동으로서의 환자는 적어도 생애 초기에 흔했던 고통, 희생당함, 무시당함으로부터 어떤 일시적인 경감을 얻는다. 이 양식을 지배하는 논리는 당연히 잘못된 것이다. 장기적인 이익으로 이끌기보다, 이 양식의 충동적이거나 공격적인 행동들은 나쁜 상황을 더욱 심각하게 만들 수 있다. 하지만 냉정한 논리는 이 양식에 잘 맞지 않는다.

가끔 분노나 충동적인 폭발은 환자의 처벌적인 부모 양식을 활성화한다. 아동으로서의 환자의 행동에 가혹하고 처벌적이고 무시하는 형태의 내재화된 목소리 —대개 부모의 목소리—가 상처와 취약성의 근원임이 거의 분명하게 보인다. 이 양식에서 환자들은 종종 자신에 대해(그리고 가끔 치료자를 포함한 타인에게) 멸시하는 정조를 띤다. 그들 자신의 어려움에 대한 연민이나 공감을 보여 주는 대신, 그들은 경멸하고 짜증내고 자책한다. 중요한 것은 이 양식은 (그것이 모형화된 이후의 사람들처럼) 환자의 분노나 공격적 폭발에 대한 처벌성을 갖지 않는다는 것이다. 대신 대부분의 다른 행동(하지만 특별히 아동 같은 취약성의 표현)은 가혹하게 다루어진다. 그렇게 되면 그 양식이 환자의 취약한 측면에 접근하거나 어떤 접촉도 더 지속하기 어렵도록 만든다.

결국 끊임없이 정서적인 경계선 성격장애 환자의 통상화된 상황과 대조적으로, 우리는 환자의 일상에서 가장 널리 퍼져 있는 양식이 분리된 보호자 양식이라는 것을 알아냈다. 이 양식에서 환자는 외부적으로는 침착하고 통제적으로 보이지만 내부적으로는 모든 느낌과 정서적 욕구에 대하여 무감각해지려는 노력을 하고 있다. 분리된 보호자는 그 이름이 말하는 것처럼 두려움, 취약성, 거절, 결함의 느낌(유기/학대된 아동 양식)으로부터 보호하고 거리를 두려고 하고, 자기비난과 가혹한 목소리(처벌적인 부모 양식)를 피하려 하고, 궁지에 몰렸을 때 분노와 행동 폭발을 유지하려고 한다(분노한/충동적인 아동 양식). 분리된 보호자를 지배하는 법칙은 '아무것도 느끼지 않는 편이 낫다.'는 것이다. 이러한 법칙을 따르기 위해 사회적 거리두기(즉, 사람을 밀어내기),

정신적 해리, 물질 남용, 자해(정서적 고통을 신체적 아픔으로 가장하려는 시도)를 포함한 모든 종류의 인지적, 행동적 회피 책략을 사용한다.

경계선 성격장애를 심리도식치료로 치료하기

경계선 성격장애 환자 치료의 일반적인 목표는 거의 부재한 건강한 성인 양식을 강화하도록 돕는 것이다. 이는 결국 유기/학대된 아동을 양육할 수 있고 분노한/충동적 아동과 한계를 둔 공감을 할 수 있으며 필사적으로 처벌적 부모 목소리와 싸울 수 있다.

이 중 어느 것이든 생겨나기 전에 환자를 부추겨서 분리된 보호자 양식이 물러나도록 하고, 치료자(후에는 환자 자신의 건강한 성인 양식)가 접근할 수 있도록 하여야 한다. 이것은 꽤 어렵다. 분리된 보호자 책략들은 환자들에게 종종 자신들을 안전하게 지켜 주거나 살아갈 수 있도록 하는 유일한 것으로 보인다. 분리된 보호자로부터 제기되는 방애물과 전체적인 치료의 복잡성이 경계선 성격장애의 엄청난 치료 기간과 강도를 좌우한다. 일반적으로 환자들은 주 2회 만나며, 치료는 보통 2~3년 이상 걸린다 (성과가 첫 1년 안에 보인다고 해도).

경계선 성격장애 환자들의 심리도식치료는 세 가지 주요 단계를 통한 진행과정을 거친다. 첫 단계에서는 치료자가 신뢰감과 친근감이 형성된 재양육 유대관계를 만들고, 분리된 보호자를 우회하고 환자 양육의 원천이 된다. 두 번째 단계에서는 도식 양식의 변화가 목표다. 즉, 분리된 보호자를 건강한 성인으로 지속해서 대체하고 처벌적인 부모를 말살하고, 분노한/충동적인 아동에게 제한을 두고 유기/학대된 아동을 양육하고 힘을 북돋는 것이다. 이 단계는 어떤 의미에서 치료의 핵심이다. 점차적으로 치료로부터 벗어날 뿐만 아니라 특히 실제적 행동 단계들을 통해 치료의 성과가 일반화되는 자율성 생성의 세 번째와 마지막 단계가 이어진다.

이들 단계와 목적은 이 책에서 설명한 동일한 태도와 방법들로부터 추구된다. 오직 더한 것은 경계선 성격장애 환자는 종종 불만족한 이전 치료 경험이 있다는 것이다. 정의에 따르면, 그들은 어떠한 돌보는 이도 신뢰하길 경계한다. 그리고 그들은 객관적으로 평균적 환자들보다 더 요구적이다(즉, 더 빈곤하다). 따라서 다음과 같은 환자들에게 심리도식치료를 실시하기에는 특수한 어려움이 있다.

1. 자살 혹은 자해 행동

경계선 성격장애 환자는 매우 자주 충동적이고 자해적이다. 덜 빈번하게(하지만 여전히 매우 경고적 수준에서) 그들은 또한 자살을 시도하거나 이미 끝냈다. 이러한 행동이 나타나면 심리도식치료자는 다음과 같이 반응해야 한다.

① 환자와 연락을 많이 하고 연락할 때마다 자살 경향성을 사

정하기

② 중요한 타인들과 연락하고 참여 허락 얻기

③ 부가적 치료들(약물요법, 입원 혹은 동료와 상담하기)을 논의 하거나 마련하기

2. 치료 방해 행동 혹은 치료자의 권리에 악영향을 주는 행동

이러한 범주는 치료자의 경계를 존중하는 데 실패하거나 주요 치료 협약[예: 자살 충동에 따라 행동하기 전에(이후가 아닌) 치료자에게 연락하기로 한 약속]을 따르는 것에 실패하여 치료에 빠지거나 치료를 중단하는 것 같은 행동들이다. 이러한 경우에 심리도식치료자는 다음과 같은 지침을 따른다.

① 첫째, 한계들이 환자와 함께 비인격적 방법(예: "우리 병원에는 결석에 대한 정책이 있습니다.")이 아닌 개인적 방법(예: "나는 당신을 염려합니다. 그래서 당신이 이것을 할 필요가 있습니다.")으로 검토되어야 한다.

② 이러한 한계들은 임의적이거나 처벌적으로 보이지 않도록 첫 행동 사례에서 정해질 필요가 있다.

③ 치료자는 한세 위반의 지언적 결과를 설정한다(예: 치료자가 회기 사이에 전화를 받는 통화의 시간이나 수를 제한하기).

④ 만약 환자의 문제 행동이 재발하면 치료자는 확고한 불만을 표현하고 약속했던 결말을 수행한다. 그리고 어떤 미래

의 문제 행동에 대해 더 심화된 결과를 설정한다. 이는 행동의 심각성에 따라 점진적으로 더 진지해야 하고, 결국 치료의 일시적 중단이나 심지어 영구적인 종료를 수반한다.

3. 치료자에 대한 분노 행동

두 가지의 특징적 양식(분노한/충동적인 아동과 부모)에서 우리는 경계선 성격장애 환자의 분노 폭발하기를 예상한다. 치료자의 첫 번째 임무는 내재하는 폭발에 대한 염려가 타당한가를 결정하는 것이다. 만약 그렇다면 그것을 확인한다. 대부분의 사례에서 치료자들은 다음 단계들을 따를 것이다.

① 환자가 그들의 분노를 충분히 표출할 수 있도록 한다.
② 분노 기저에 있는 충족되지 못한 욕구에 공감한다.
③ 환자가 현실 검증을 하도록 한다.
④ 적절한 자기주장을 연습한다.

4. 분리된 보호자를 건강한 성인으로 착각하기

잘 기능하는 환자의 치료에서 가장 흔한 문제는 환자의 이성적으로 보이는 말과 행동을 분리된 보호자 양식이 아닌 건강한 성인 양식이 반영된 것으로 잘못 받아들이는 것이다. 두 가지를 구별하는 방법은 당연히 환자가 어떤 감정이라도 경험하느냐에 달려 있다. 만약 아니라면 이 경우 분리된 보호자에 더 가까울 것이다.

5. 사정/개념화

경계선 성격장애 환자는 영 도식 질문지(YSQ) 항목의 대부분 혹은 모두를 지지하기에 종종 검사 초기에 이러한 도구(다른 자기보고 목록뿐만 아니라)를 사용하는 것을 삼간다. 그로부터 얻는 정보의 증분은 아주 적다. 부정적 항목 이후 지지하는 항목의 경험은 환자에게 매우 불쾌할 것이다. 게다가 그런 환자들의 치료는 본질적으로 도식보다는 양식에 더 초점을 두게 될 것이다.

6. 경험적 작업(예: 상상하기)의 너무 이른 소개

외상적 경험의 처리를 위하여 경험적 기법들을 사용하는 것이 경계선 성격장애 심리도식치료의 중요한 부분이다. 하지만 고조된 유기/학대된 아동의 취약성 때문에 상상하기의 준비나 다른 경험적 개입은 특별한 주의와 함께 이뤄져야 한다. 이를 실행하기 전에 Young 등(2003)의 관련 장을 참고할 것을 추천한다. 또한 명쾌한 경계선 성격장애 심리도식치료에 대한 짧은 책(Arntz & van Genderen, 2009)을 추천한다.

경계선 성격장애의 심리도식치료에 대한 연구적 지지

2005년부터 세 가지 연구가 경계선 성격장애에 대한 심리도식치료의 효능을 조사해 왔다. 그것의 가장 큰 부분은 무작위 임상실험(Giesen-Bloo et al., 2006)으로 심리도식치료 효능을 경계선

성격장애에 정평이 나 있는 다른 치료법, 즉 Kernberg와 동료들
(Clarkin, Yeomans, & Kernberg, 1999)이 개발한 전이중심 심리치
료(transference focused psychotherapy: TFP)와 비교하였다. 경계
선 성격장애 환자 88명은 모두 2주에 50분, 3년 동안 외래환자
회기로 구성된 하나 혹은 두 가지 치료에 무작위로 배정되었다.
분석이 1년차와 3년차에 수행되었다. 두 그룹 모두 성격 구성 개
념들이 개선되었지만, 심리도식치료는 회복(심리도식치료 45.5%,
전이중심 심리치료 23.8%)을 포함한 모든 성과 수치 그리고/혹
은 독립적인 면담자들이 평가한 경계선 성격장애 증상의 신뢰
할 만한 변화(각각 65.9%, 42.9%)에 있어 월등했다. 비슷한 결과
가 삶의 질에 대한 자기보고와 정신병리학에서 나타났다. 중요
한 것은 (이전에 논의한 환자 재적의 주제에 대해) 중도 포기율이 심
리도식치료(25%)보다 전이중심 심리치료(50%)에서 월등히 높았
다는 것이다. 중도포기 환자 가운데서 심리도식치료 환자는 중
앙값 98회기(1년에 가까움)를 가진 반면, 전이중심 심리치료 환자
는 34회기(약 4개월)를 가졌다.

두 번째 연구(Farrell, Shaw, & Webber, 2009)는 32명의 심각한
증상을 지닌 환자를 일상적인 개인치료(TAU)와 이를 8개월로 늘
린 주별 그룹 심리도식치료에 무작위 배정하였다.

심리도식치료 그룹은 주로 강력한 치료 동맹 형성, 타당성 조
성, 정서적 각성, 고통 내성과 도식 변화에 중점을 뒀다. 연구에
서 일반적 증상과 전체적 기능(각각 d=.72, 1.80), 자기보고와 임
상가가 평정한 경계선적 증상의 주목할 만한 감소를 확인하였다

(각각 d=2.48, 4.29) TAU 그룹의 교정 효과 크기는 유의미하지 않았다(.09, .49, -.25 그리고 .14). 중요하게도, 6개월간의 후속 연구는 심리도식치료 집단에서만 시간에 걸쳐 효과가 있으며 통제 집단의 경우는 그렇지 않다는 것을 보여 준다. 예를 들어, 심리도식치료 집단의 0%, 반면 통제 집단의 87%가 후속 조치에서 경계선 성격장애의 표준을 충족했다.

세 번째 연구(Nordahl & Nysaeter, 2005)는 단일 사례 시계열 설계를 사용하여 심리도식치료의 효능을 보여 주었다. 경계선 성격장애 여성 6명은 10주에 걸쳐 3회, 기준치가 측정되었는데 증상적 감소가 나타나지 않았다. 그리고 그들은 주별 회기로 18~36개월 동안의 개인적 심리도식치료를 시작했다. 그들은 20~40회기 이후, 종료 시, 12~16개월 후속 연구에서 측정되었다. 후속 연구에 따르면, 6명 중 3명은 경계선 성격장애 기준을 더 이상 충족하지 않으며 모두 증상에 있어 감소를 보였다(d=1.8). 누구도 자살을 시도하지 않았고 한 사람을 제외한 모두는 다른 자해 행동의 감소를 보였다.

26

자기애적 성격장애와
반사회적 성격장애와의 작업에서의
특정한 사항

자기애적 성격장애를 심리도식치료로 치료하기

이전에 언급했듯이(7장 참조), 자기애적 성격장애는 아마 과잉 보상 대처 방식에 근거한 성격장애의 전형적 예다. 결함과 정서적 결핍과 같은 기저의 도식을 보상하기 위해 환자가 우월하고 거만하고 평가 절하하는 태도를 채택함으로써 다른 사람에게 주객을 전도시킨다. 많은 저자들이 부모가 아이를 이기적으로 이용할 때 자기애적 성격장애가 발달한다고 이론화했다(Ronningstam, 2009). 부모는 따뜻함, 보살핌, 수용과 같은 아이의 기본 정서적 욕구를 무시한 채 아름다움, 재능 혹은 지능 같은 아이의 '특별한' 자질을 과대평가한다. 결과적으로 아이의 정체성은 근원적인 공허감, 외로움과 열등감을 숨겨 주는 과대한 자기상과 하나가 된다.

도식 양식 용어에서 아이는 우월함, 매우 특별하며 강력하다고 느끼는 측면인 자기과장자 양식을 발전시킴으로써 그의 도식들을 과잉 보상하는 것을 배운다. 하지만 거기에는 종종 그 관점에 숨겨진 다른 측면인 공허함과 외로움을 느끼는 아동이 남아있다. 자기과장자와 외로운 아동 양식들에 더하여, 우리는 종종 이러한 환자들에게 두 가지 다른 양식이 존재한다는 것을 확인했다. 그것은 분리된 자기위로자(회피적 부적응 대처 양식의 형태)와 요구적인 부모다.

자기애적 환자들은 실망을 경험하거나 그들의 특별감에 타격을 입거나 외로운 감정이 표면에 너무 가까이 왔을 때 종종 그런 고통스러운 감정을 누그러뜨리거나 진정시키기 위해 중독적 또는 강박적 행동을 한다(분리된 자기위로자 양식). 예를 들어, 주식 시장의 단타 매매자인 브라이언은 그의 외로운 감정이 그의 성공적인 외관에 나타날 때마다 익명의 성관계를 추구했다. 이러한 경험들이 일시적 휴식을 제공하였지만 그의 외로움은 지속되거나 더 심해졌다.

어떤 때 자기애적 환자들은 수행과 성취에 대한 엄청난 압력을 경험한다. 그들은 자신들의 원대함이나 완벽에 대한 이상에 맞춰 살도록 자신들에게 가차 없이 강요한다. 실패보다 더 나쁜 말은 없다. 혹은 평범은 더 나쁘다. 이러한 내면적 압력 상태는 어떤 희생을 해서라도 성공이나 성취를 하라는 내면화된 부모의 목소리를 내는 요구적인 부모 양식이다.

자기애적 환자들의 심리도식치료에서 일반적인 목표는 환자의 기본 정서적 욕구들이 충족되도록 제한된 재양육화를 통하여 외로운 아동을 치료하는 데 있다. 환자가 특권의식과 우월성 대신 평등성과 상호주의 개념으로 관계를 바라보는 것을 배우도록 공감적으로 직면하고 자기과장자에게 한계를 설정한다. 그리고 환자가 자기 위로, 강박 혹은 중독 행동으로 도피하지 않고 상처와 외로움의 고통을 참아 내는 것을 배우도록 하고, 요구적 부모와 직면하여 자신의 특별한 능력만이 아닌 자신의 평범함, 인간성에도 가치를 두는 것을 배우도록 한다.

외로운 아동과 접촉하는 것은 자기애적 환자의 치료에서 성공의 핵심 요인이다. 이러한 정서적 '고리' 없이 자기애적 환자들은 결혼을 유지하거나 직업을 유지하는 외적 고려에 의해 동기화되었더라도 치료를 지속하는 내재적 동기는 거의 없다. 자기애적 환자가 어떤 외로운 측면을 갖고 있는지를 인정하는 정도는 다르지만, 우리는 얼마나 많은 환자가 갑자기 이 측면을 깨달았는지에 놀랐다. 예를 들어, 브라이언은 주식 시장을 통해 약간의 재산을 모았다. 그는 주식 시장의 작은 흐름을 읽어 투자하기 위하여 하루 종일 컴퓨터 앞에 딱 붙어 있었다. 이러한 강박적인 활동은 그가 지속적으로 투자에서 성공함에 따라 그의 우월감을 입증하는 동안(자기과장자 양식) 그를 거의 경조증적 흥분 상태에 있게 했다(분리된 자기위로자 양식). 그는 처음 회기의 대부분을 그의 돈에 대해 이야기했다. 하지만 치료자가 그에게 외로운 부분이 있는지 묻자 아무도 그에게 그런 질문을 던진 적이 없다며 울며 무너졌다.

자기애적 환자와의 작업에서 가장 어려운 일 중 하나는 그들의 과거 과잉 보상 방식을 그들 안의 외로운 아동으로 바라보는 것이다. 치료자는 환자를 그의 거만과 평가절하의 보상적 이유들에 직면시키는 동안 외로운 아동의 고통에 공감적인 상태로 있을 필요가 있다. 이는 환자가 타인에게 그러한 것처럼 치료자를 안전한 거리에 두기 위해 똑같은 과잉 보상 책략들을 사용하기 때문에 쉬운 과정은 아니다. 그는 아마 치료자의 자격에 대해 의문을 던질 것이고, 회기에 지각한다거나 몇 분 전 취소한다든가, 그의 치료비를 내는 것을 '잊는'다든가, 치료자가 무언가 '아둔한' 말을 할 때 경멸에 차 눈동자를 돌릴 수 있다. 자기애적 환자는 특히 치료자가 환자의 행동에 의해 촉발되는 결함 혹은 결핍과 같은 도식을 가졌을 때 쉽게 치료자의 도화선에 불을 붙일 수 있다. 자기애자들은 다양한 '승자, 패자'의 대인 간 권력 게임을 하는 경향이 있다(Campbell, Foster, & Finkel, 2002). 이러한 게임은 그들의 우월감을 강화하고 그들이 노출되고 취약함을 느끼게 하는 관계에서 친밀감을 피할 수 있게 해 준다. 이러한 게임에 갇히는 것을 피하기 위해 치료자는 그들을 개인적으로 받아들이기보다 그들을 넘어설 필요가 있다.

사실 자기애자(다른 환자들과 같이)와의 심리도식치료에서 치료자는 치료적 관계를 변화 촉진을 위한 강력한 수단으로 사용한다. 지금 여기에서 환자와 치료자의 상호작용은 환자에게 그의 거만하거나 평가 절하하는 행동에 공감적으로 직면할 이상적인 기회를 제공한다. 이는 환자에게 그의 자기 과장적 양식과 그것이 타인에게 미치는 영향, 그리고 그의 과잉 보상적 목적의 생생하고 명백한 자기 과장적 방식의 기분을 제공한다.

자기애적 성격장애에 대한 이론화가 이 장애의 과잉 보상 특성을 강조하는 경향이 있는 반면, 어떤 저자들(예: Fernando, 1998)은 아이를 응석받이로 키우는 것이 아마 더 서서히 진행되는 자기애적 성격장애를 향한 두 번째 경로에 해당한다고 강조한다. 아이를 응석받이로 키우는 부모는 아이에게 대놓고 혹은 은연중에 '그들이 원하는 무엇이든 그들이 원할 때 갖는다.'는 것이 당연하다는 메시지를 준다. 그러한 아이들은 아마 타인들이 그들의 욕망을 만족시켜 주기 위해 존재한다고 믿으며 자랄 것이다. 그들은 그들의 특별한 지위를 당연히 여기고 다른 이를 이기적으로 이용하거나 심지어 착취해도 양심의 가책을 거의 느끼지 않는다. 그리하여 그들은 남의 감정, 욕구 혹은 권리를 거의 혹은 전혀 존중하지 않는다. 이러한 개인들은 한계나 경계를 허용하는 데 곤란을 겪는다. 그들은 아마 그들이 원하는 것을 거부당할 때 매우 화를 낼 것이다. 이들 환자는 종종 특권의식과 부족한 자기 통제/자기 훈련이라는 '손상된 한계' 영역에 있는 도식들을 갖고 있다. 그들은 치료를 지속하도록 이끌 수 있는 외로운 아동 양식이 부족하기에 아마 과잉 보상 자기애를 가진 이들보다 다루기 더 어려울 것이다.

'버릇없는' 자기애자와의 작업에서 주요 포인트는 즉각적인 만족을 원하고 좌절을 견디는 것이 불가능한 환자의 측면인 충동적 혹은 버릇없는 아이를 공감적으로 직면하는 것이다. 이러한 측면을 지닌 도식 대화는 매우 효과적일 수 있다. 치료자는 그러한 환자들에게 '네가 원하는 것을 네가 원할 때 갖는 것은 언제나 옳다.'고 믿는 측면을 연기하라고 한다. 치료자는 환자의 믿음과 반대되는 증거로 도전하는 건강한 측면을 연기한다. 본질적으로 치료자의 주장은 당신이 언제나 원하는 것을 갖는 것은 당신을 실망이나 좌절을 다룰 수 없고, 목표나 계획을 추구할 수 없으며, 어른이 됨으로써 얻을 수 있는 보상이나 특권을 가질 수 없는 아이인 채로 남아 있게 한다는 것이다. 치료자들은 그들의 주장을 도덕적 용어로 구조화하는 것을 피해야 한다. 대신 치료자들은 실용적인 질문을 한다. "어떻게 하여 버릇없는 아이가 당신의 인생을 좌지우지하게 되었습니까?" 현실에서는 그들이 그런 식으로 바라보지 않는다고 할지라도 많은 버릇없는 자기애자 또한 방임을 경험했다. 아이를 버릇없게 내버려 두는 것은 그에게서 성장의 기회를 박탈하고 그의 특권의식에 무관심한 세상과 맞닥뜨렸을 때 자신에게 미래에 대한 비현실적인 기대를 설정하게 한다. 게다가 이러한 많은 아동은 그들의 감정적 욕구는 무시당한 채 그들이 물질적으로 원하는 모든 것을 제공받았다. 그러므로 환자에게 아동의 정상적 욕구를 가르치는 것이 아마 버릇없이 둠을 사랑으로 착각하는 자기애적 환자 재양육화의 첫 걸음이 될 것이다.

반사회적 성격장애를 심리도식치료로 치료하기

자기애적 환자들과 작업하면서 다루었던 많은 주제가 또한 반사회적 성격장애 환자들에서도 드러난다. 반사회적 성격장애는 DSM-IV(APA, 2000)에 불안정하고 무책임하며 무모한 삶의 방식과 아동기의 품행장애와 비행 경력이 있는 성인 범죄 행위로 정의되어 있다. 사이코패스는 반사회적 성격장애 환자의 가장 강력한 하위 그룹이다. 범죄 행위와 반사회적 삶의 방식에 더하여, 이러한 환자들은 잔인하고 뉘우침이 없고 냉혈하며 속임수를 잘 쓰는 것과 같은 핵심 사이코패스적인 성격 특질을 보인다(Hare & Neumann, 2009). 본질적으로 사이코패스들은 타인을 이용하고 착취하고 공감이 결여되어 있으며 자신들의 행동에 대한 뉘우침을 거의 또는 전혀 보이지 않는다. 많은 전문가는 사이코패스 경향을 보이는 환자들은 치료되지 않으며, 심리치료가 그들이 다른 사람에게 사기 치거나 타인을 조종할 때 사용할 수 있는 심리적 기법들을 가르쳐 줌으로써 실제로 그러한 환자를 더 심하게 만들 수도 있다고 추정했다. 하지만 최근의 증거는 이러한 시각에 도전하기 시작했다(d'Silva, Duggan, & McCarthy, 2004).

Bernstein, Arntz와 De Vos(2007)는 반사회적 환자와 사이코패스 환자의 특징인 몇몇 과잉 보상 도식 양식을 기술하였다. 가해자 및 공격 양식은 자신의 우월을 주장하고 그들이 원하는 것을 얻거나 지각된 위협이나 경쟁 상대에 보복하기 위해서 협박이나 공격을 사용하는 환자의 상태다. 이러한 상태일 때 환자들은 약함과 무기력의 기저 감정을 보충하는 강력함과 힘을 느낀다. 사기와 조종 양식에서 환자는 그들이 갖고자 하는 어떤 것을 위한 간접적 방식인 매력, 거짓말과 조종을 사용한다. 편집증 과도 통제자 양식에서는 환자들이 그들의 관심을 숨겨진 협박이나 적을 탐지하는 데 쏟는다. 약탈자 양식에서는 환자들이 위협이나 경쟁 상대를 제거하기 위해 냉담하고 계산된 공격을 사용한다. Bernstein과 동료들(2007)은 자기과장자 양식과 함께 이들 네 가지의 과잉 보상자 양식이 폭력과 반사회적 행동에서 중심 역할을 한다는 가설을 세웠다.

　반사회적 성격장애와 다른 B군 성격장애를 가진 법의학적 환자들에 대한 한 주요 무작위 임상실험이 현재 네덜란드의 7개 법의학 병원에서 이뤄지고 있다. 연구가 몇 년 동안 끝나지 않을지라도, 초기 결과들은 심리도식치료가 법의학 성격장애 환자들과 특히 높은 수준의 사이코패스 환자들에게 유망한 치료임을 시사한다.

27

커플과 작업할 때의 특정한 사항

오래 계속된 정서적, 관계적 주제를 치료하기 위하여 발달된 접근으로서 심리도식치료는 커플의 고통에 대한 이해와 해결을 위한 자연적인 뼈대를 제공한다. 가까운 관계 내에서 발생하는 많은(다는 아니더라도) 문제는 상대의 욕구, 도식, 대처 방식과 양식의 프리즘, 그리고 관계에서 종종 일어나는 서로를 촉발하는 순환에 주의를 기울이는 것을 통해서 이해될 수 있다. 그 결과로서 심리도식치료 사정과 개입 아이디어는 그것들을 커플과 개별적 파트너들의 오래 계속된 삶의 패턴과 연결하며, 이러한 현재의 순환들을 해결하기 위한 체계적 방법을 제공한다. 커플 심리도식치료의 궁극적 목표는 각자의 욕구를 충족시켜 고통과 갈등을 줄이는 개인치료의 목표와 같다. 커플의 맥락에서 양 파트너의 욕구들을 인식하고 채우게 하는 것은 공동의 책임으로 보인다.

커플에게 심리도식치료 모형을 적용하기

이전에 논의했듯이, 대부분의 부적응 도식들은 보통 초기 아동기의 애착관계에서의 어떠한 관계적 부족에 대한 시도된 적응을 포함한다. 지난 20년간의 광범위한 연구는 애착관계의 어려움이 성인기에도 지속되며 관계적 맥락에 있는 많은 행동에 강력한 영향을 미친다는 것을 보여 주었다(최근의 연구들에 대한 종합적인 검토는 Mikulincer & Shaver, 2007 참조). 심리도식치료의 기본 발달적 전제는 특정한 결손 혹은 문제는 상응하는 충족되지 않은 욕구와 상응하는 도식을 야기하여 초기의 관계적 결핍과 문제가 미래의 관계적 어려움을 야기한다는 것이다. 정말로 18개 도식의 대다수는 관계적 욕구를 중심으로 시작되며 관계적 과정에서 장애가 있을 때 그것들이 매우 명확하게 나타난다는 것이 확인되었다. 예를 들어, 유기 도식을 가진 개인은 그들의 관계에서 거절의 신호들에 과도한 각성을 보일 것이다. 정서적 결핍 도식을 가진 이는 짧거나 긴 기간의 관계에서 모두 오해받거나 관심받지 못했다고 느낄 것이다. 그리고 정서적 억제 도식을 가진 이는 그 자신이나 그의 파트너의 어떠한 실제 만족감도 빼앗으며 열정적이거나 정서적인 표현을 피한다.

앞에서 논의된 대부분의 도식 상식과 유사하게, 커플 사이에서는 종종 서로 촉발하는 방식들이 있다. 예를 들어, 정서적 억제 도식을 가진 남편은 아마 분리된 양식(우리가 과도하게 이성적 양식이라고 이름 붙이는)에 접어들 것이다. 정서적 결핍 도식을 지

닌 그의 아내는 아마 차단을 느끼고 관심 추구 양식이나 요구적
인 양식이 나타날 것이다. 이들 모두 어떠한 정서도 지배하고자
하는 남편의 욕구를 심화시킬 것이고, 다음에는 조만간 부인의
고통을 악화시킬 것이다. 이러한 순환이 심리도식치료를 이용하
여 이해되고 완화될 수 있다.

커플이나 연애 중인 개인들과 작업할 때 핵심 중점은 '화학 반
응'이라는 표현을 쓰는 애정관계다. 관계 연구자들은 아직 무엇
이 화학 반응을 구성하는지에 대한 충분한 설명을 제공하지 못
한다(예: Eastwick, Finkel, Mochon, & Ariely, 2007; Fisher, 2004) 그
럼에도 불구하고 임상적 경험은 우리에게 화학 반응에 대한 정
보를 어느 정도 알려 준다.

- 열정은 동료애보다 더 중요한 사랑의 구성 요소다.
- 신체적, 정서적 매력 모두로 이뤄진 관계는 매우 건강할 수
  있다(더 깊은 관계 발전을 위한 단단한 기초).
- 높은 화학 반응을 느끼면 개인은 그의 파트너를 이상화하는
  경향이 있다. 그리고 서로가 '운명적이다' '천생연분이다'라
  는 식으로 생각한다.
- 화학 반응이 높으면 분리나 부재는 관계 파트너에 대한 감
  정을 강렬하게 하는 경향이 있다. 신체적 가까움은 정서적,
  성적 자극을 유발한다.

화학 반응은 의미 있는 관계를 만들기 위해 어느 정도까지는

건강하고 필수적이나, 그것이 한 명이나 파트너 모두의 핵심 도식의 활성화로부터 일어나기 때문에 종종 관계에서 심각한 문제를 일으킨다. 이러한 '도식 화학 반응'은 화학 반응이 매우 높은 경우로 특징지어져 보인다(즉, 처음의 끌림과 이상화가 엄청날 때). 의미 있게도 내담자들은 종종 도식 화학의 강렬함 때문에 관계를 시작하거나 깊은 관계가 되길 선택한다.

　도식 화학 반응의 전형적인 촉발인들은 그 사람이 익숙한 정서나 초기의 삶에서 정서적으로 고조된 상황을 재경험하도록 유도하는 상황들이나 사람들이다. 친숙감(혹은 흥분감)은 종종 사람들이 건강하지 않은 관계를 유지하도록 하거나 이런 형언할 수 없는 특성들이 변화하는 것이 두려워 관계를 개선하는 시도를 하지 않도록 한다. 몇몇 관련된 문제는 도식 화학이 높을 때 관계 안에서 생겨난다. 첫째, 파트너끼리 서로의 도식을 상호 촉발하면 언제나 각자의 욕구를 전적으로 충족하는 것이 불가능하다. 그들의 고통은 그저 너무 심하다. 두 번째로, 특정 핵심 도식들은 일상의 상호작용 과정을 왜곡하는 인지 편향(주의, 판단 혹은 기억에 있어)과 도식과 연관된 촉발인에 대한 신경과민을 일으킨다. 그 결과, 작은 갈등이 더 큰 균열로 확대된다. 세 번째로, 아마도 가장 중요하게 다른 핵심 도식들은 파트너들에 대해 둔감하거나 심지어 학내직인 행동을 하게끔 한다.

커플에게 심리도식치료를 실시하기

커플 심리도식치료의 목표는 그들의 도식을 치료하고 파괴적인 대처 양식을 줄여서 파트너 각자의 핵심 욕구들을 충족하도록 조력하는 것이다. 양식 개념에서 심리도식치료자는 양쪽 파트너들에게 그들 자신의 아동 양식을 이해하고 접근하거나, 취약한 아동이나 건강한 성인 양식에 들어가서 갈등을 축소하도록 가르친다. 치료자는 또한 파트너가 서로의 아동 양식에 더 예민하게 반응하는 것(예: 재양육 태도로)을 배우도록 도와준다. 시간이 지남에 따라 파트너들은 도식 화학 대신 건강한 화학을 기반으로 하는 연결을 배운다.

심리도식치료의 사례를 더 일반적으로 하면, 커플 심리도식치료는 인지행동치료, 게슈탈트 치료, 관계적/애착 접근으로부터의 아이디어들을 치료에 통합하였다. 사정과 교육 단계가 첫 번째 단계이고 변화 단계가 두 번째 단계다. 커플 심리도식치료에 사용되는 많은 사정 방법은 개인 심리도식치료에 사용되는 것과 유사하다. 하지만 치료자가 단순히 파트너 상호작용을 관찰함으로써 부가적인 많은 정보를 얻을 수 있다. 게다가 심리도식치료자는 종종 다음 중 하나를 사용한다.

① 검사를 위한 파트너 중심의 상상하기: 이 훈련의 목적은 관계에서 촉발되는 도식들을 확인하고 충족되지 않은 아동기 욕구와 연결하는 것이다.

② 세부화된 관계 이력: 여기에서 각 파트너는 시간에 따른 그
들 관계의 발전을 설명한다. 이는 관계의 강점과 약점 모두
를 알아내게 해 주며 파트너 모두 경험한 상호 촉발의 순환
을 밝히게 해 준다.

치료자들은 커플 상호작용에서 우세한 도식과 양식을 이해하
고 나면 그것을 커플에게 전해 준다. 이 교육에서는 두 파트너
의 영 도식 질문지를 검토하거나 『자신의 인생을 재창조하기』
(Young & Klosko, 1993)의 관련된 장들을 과제로 부과하는 것이
도움이 될 수 있다. 더 일반적으로 그것의 목표는 현재의 관계적
문제들과 오래 계속된 생활 패턴들을 파트너들의 도식들과 양식
들 그리고 그들이 만드는 상호과정에 연결하는 것이다.

변화 단계는 대인관계적, 인지적, 정서적 그리고 행동적 변화
전략들을 결합한다. 일부 책략은 커플의 맥락에서 독특한 데 반
해 다른 전략들은 개인치료에서 쓰이는 기법들과 비슷하다. 치
료는 개인과 공동 회기를 모두 갖는다. 초기 행동치료나 인지행
동치료 접근과는 다르게, 심리도식치료는 도식과 양식 변화에,
그리고 간단한 기법훈련, 의사소통 혹은 문제 해결보다는 커플
안의 갈등 해결에 더 초점을 둔다.

커플 심리도식치료를 하는 것은 매우 어려운 일이다. 치료자
들은 양쪽 파트너 모두에게 온정적이고 진솔하고 직접적인 관계
를 유지해야 하고 각 파트너와 독립적으로 유대감을 형성하여
야 한다. 치료자는 공감적 직면의 균형을 유지하기 위하여 노력

한다. 중립성을 유지하기보다는 양쪽 파트너의 취약하고 건강
한 양식들의 측면을 확실히 동등하게 하고 상대적 균형을 유지
하면서 그들의 부적응적 양식들을 직면시킨다. 동시에 치료자들
은 양쪽 파트너의 안전을 보장하고 치료실에서 나타나는 파트너
들의 갈등을 방지해야 한다. 이는 파트너 한 명 혹은 둘 다의 모
욕적 행동에 단호하게 반응하라는 것이다. 궁극적인(그리고 어려
운) 목표는 파트너들이 받을 관심을 가로채지 않은 채 파트너 간
의 건강한 재양육의 모형을 만드는 것이다.

치료 초기에는 커플들이 실제적 문제들보다는 정서적 문제들을
향하게 하는 것이 중요하다. 이는 치료가 간단히 전형적 상호작용
(말다툼, 의사 방해 등)이 일어날 수 있는 또 다른 장소가 되는 커플
치료의 흔한 위험을 피하게 해 준다. 실제적인 면보다는 정서적
인 면에 초점을 두고, 치료자는 아마 이전의 장들에서 검토된 다
양한 도식 변화 기법을 사용할 것이다. 그중 일부만 커플들에게
어떻게 적용하여 사용되는지를 설명하기 위해 열거한다.

① 관계적으로: 치료자는 파트너들에게 어떻게 상대방의 핵심
   욕구에 주의를 기울이고 충족하는지, 즉 각자를 어떻게 재
   양육하는지 알려 줄 수 있다.
② 인지적으로: 양쪽 파트너 모두 그들의 도식 타당성을 확인
   해 보고 적극적으로 증거(특히 종종 모르는 채 지나가는 명확
   하지 않은 증거)를 찾도록 가르친다. 그리고 그들은 도식 플
   래시카드나 일지(21장 참조)를 개별적으로 또는 함께 사용

하도록 지시받는다.

③ 정서적으로: 파트너 사이의 공감을 증가시키는 유용한 기법은 듣는 사람에게 말하는 사람이 그 아동이라고 상상하게 하고 그들 각자를 취약한 아동의 관점에서 말하게 하는 것이다. 이는 그들의 파트너를 과거의 어리고 취약한 아동으로 생생히 상상하게 한다.

④ 행동적으로: 개인치료에서 행동적 양식 파괴 부분은 종종 치료 후기에 시작되고 가장 길게 지속된다. 행동 도구 중 커플에게 유용한 것은 대안적인 적응적 양자 행동에 초점을 둔 도식 플래시카드 사용과 이전에 갈등이나 고난을 증가시켰던 도전적 상황들에 대한 준비를 위한 역할극과 시연의 사용이다.

변화 단계의 많은 회기는 이해, 극복, 도식 충돌을 중심으로 전개된다. 커플들이 이것을 하는 데 능숙해지면 관심은 미래 갈등의 예상과 예방으로 전환될 수 있다. 궁극적으로 이는 고난을 줄여준다. 그렇더라도 오랜 기간 관계가 힘들 때는 고난을 줄이는 것이 종종 작업의 반밖에 되지 않는다. 나머지 반은 긍정성, 유희, 즐거움을 재도입하는 것이다. 치료자들은 마치 그들이 개인 우울치료의 행동 활성회에 접근하는 것처럼 이 과제에 접근할 수 있다. 즉, 파트너들에게 일대일 대화와 즐거움의 정규 시간을 확보하고 애정과 성생활을 개선하기 위한 작업을 하고 파트너 간의 보상과 돌봄/사랑의 긍정적 몸짓을 도입하도록 지시한다.

　심리도식치료자는 커플이 실제적으로 치료 내에서 얼마나 많은 진전을 만들었는지, 혹은 아직도 계속해서 만들고 있는지를 평가하는 것을 돕는다. 커플치료자들의 많은 예비교육에서 종종 커플들이 관계를 회복하기에는 너무 늦게 치료에 들어오며 보다 현실적인 목표는 실험적 별거가 될 것이라고 언급한다. 이런 사례의 경우 심리도식치료자는 파트너 각각이 보다 건강한 도식 선택과 보다 건강한 패턴의 미래 관계를 준비하도록 돕는 중요한 역할을 할 수 있다. 개별적인 회기와 결합적 회기 모두 파트너를 이해하도록 돕고, 그들의 관계에서 어떤 일이 일어났는지로부터 배우고, 생겨나는 실제적이고 정서적인 문제들 모두를 해결하도록 돕는 데 유용할 수 있다.

28

축2의 심리도식치료와
축1의 인지행동치료의 상호작용

    심리도식치료를 임상 실무에 활용하는 것의 한 가지 이점은 축1의 장애나 증상들에 초점을 둔 인지행동치료 개입과 매끄럽게 통합될 수 있다는 것이다. 그러한 증상들은 종종 환자들이 치료에 들어올 때 표출된 호소 문제들이다. 이 경우에 환자의 급성 증상적 욕구들(예: 주요우울 사건, 공황장애, 물질 사용)이 치료자가 집중된 증거기반 개입들을 제공하도록 안내할 것이다. 표출된 호소 문제들이 좁은 의미의 인지행동치료 계획서들이나 다른 증거기반 접근들이 잘 맞는 특정한 축1 진단(불안, 기분, 섭식, 물질 사용과 신체화 장애)과 매우 흔하게 공존하는 오래 계속된 성격과 관계적 문제들일 때조차 심리도식치료가 잘 맞는다. 그러므로 심리도식치료와 인시행동치료(혹은 축1 문제들에 대한 다른 증거기반 개입 접근들) 사이의 상호작용을 짚고 넘어가는 것이 중요하다.

    종종 축1 증상들은 그 자체만으로도 심각하고 광범위한 고통

의 망 속에 박혀 있다. 특정한 정서적 혹은 행동적 증상들에 더
해 환자는 어려움을 겪거나 관계에 불만족하거나 부적응적 행동
과 선택의 반복되는 패턴들 속에 갇혀 있다. 이러한 광범위하고
보다 만연해 있는 망은 분명히 성격장애를 지닌 개인들(본래 그들
을 위해 심리도식치료가 개발됨)의 특성이다. 하지만 그것은 다른
것들을 위한 선물이 될 수도 있다. 예를 들어, 어떤 축1 장애(예:
경도 우울증 혹은 범불안장애)는 도식, 대처 방식과 양식 개념들을
사용하면 잘 이해될 수 있다. 그리고 심지어 축1 증상들이 주된
것인 경우에도 축2 증상이 공존하는 경우가 매우 흔하다.

　다양한 축1 장애에 대한 증거기반 치료의 발전은 지난 몇 십
년 동안 장족의 진보가 이루어져 왔다. 이러한 많은 치료는 시간
제한적이고 특정한 장애들이나 증상의 집합에만 관심을 두었다
[예: 강박장애를 위한 노출과 반응 방해(Foa & Goldstein, 1978), 주요
우울 사건을 위한 행동 활성화(Jacobson, Martell, & Dimidjian, 2001),
공황장애를 위한 공황조절 치료(Craske & Barlow, 2006)]. 다른 것들
은 더 광범위하고 범진단적인 접근을 도입했다(Harvey, Watkins,
Mansell, & Shafran, 2004; Roemer & Orsillo, 2008). 심리도식치료자
는 이 중 어떤 것이든 심리도식치료를 활용하기 전에나 심리도식
치료와 결합하여 매끄럽게 시행할 수 있다.

　이러한 매끄러움은 부분적으로는 심리도식치료가 전통 인지
행동치료의 확장에서 시작되었기 때문이다. 이 책의 앞부분에서
어떻게 이러한 확장이 전통 인지행동치료와 심리도식치료를 차
별화했는지를 열거했다. 하지만 심리도식치료의 많은 지도 원칙

또한 다른 인지행동치료 개입들과 조화를 이루도록 한다는 것
에 주목하는 것은 매우 중요하다. 첫째, 인지행동치료처럼 심리
도식치료는 협력적 사례개념화(19장 참조)의 발전을 지지한다.
사례개념화는 어떤 효과적인 치료에서도 필수적이다. 그리고 환
자가 복잡하고 어려운 문제들을 표출할 때 이는 두 배로 정확하
다(정말 중요하다). 둘째, 심리도식치료를 하기 위해 긴 시간 구조
가 필요함에도 불구하고 이 또한 목표 주도적 치료이고 종종 시
간 제한이 없는 비구조화된 통찰 지향적 접근들과는 완전히 다
르다. 셋째, 심리도식치료는 다양한 인지적(21장) 및 행동적(23
장) 기법을 활용한다. 그리고 회기 간 '숙제'나 실습 활동들에 크
게 의존한다(이들의 성격이 도식 변화에 비해 특정한 축1 증상에 중
점을 둘 때 다르지만).

 실용적인 측면에서 다르지만 호환할 수 있는 인지행동치료와
심리도식치료의 특성들에 대해서 치료의 초기에 환자들에게 교
육하기를 추천한다. 우리 센터에서는 인지행동치료와 심리도식
치료가 무엇인지를 쉬운 일반적인 용어로 설명한 접수 자료집이
포함된 유인물을 사용하여 교육한다. 첫 사례개념화에서 우리는
환자가 우리가 추구하려는 접근을 완전히 이해했는지를 확실히
하고 심리도식치료와 전통 인지행동치료의 어떤 조합을 추천할
것인지의 여부를 명시한다.

 어떤 사례들에서는 심리도식치료가 특정한 인지행동치료 개
입의 사용보다 더 뛰어날 것이다. 예를 들어, 연애관계가 중단
된 후에 '나쁜 관계 결정'의 평생 패턴을 이해하려는 목적으로 치

료를 시작하려는 환자는 아마 천천히 특정한 증거기반 개입으로 치료할 수 있는 특정한 기분, 불안 혹은 다른 증상들의 존재를 드러낼 것이다. 인지행동치료의 연장으로서 제시된 심리도식치료는 다른 목표들에 초점을 두고 있지만 같은 근원 원리들을 공유한다 (그러한 바뀜은 갑작스러운 180도 전향의 느낌은 아니다). 그러므로 심리도식치료자는 적절할 때 치료 재방문의 우선순위(즉, 회기 내에서 논의되는 주제들 혹은 사용되는 개입 기법들)를 비교적 쉽게 추천할 수 있다.

다른 사례들에서는 치료가 인지행동치료로 시작해 심리도식 치료로 전환된다. 시간 제한적 접근으로 도움을 받은 많은 환자는 그들이 치료 내 경험의 범위를 넓히고 싶어 한다는 것을 깨닫게 된다. 결국 인지행동치료의 성공적인 과정은 종종 표면을 넓히고 특정한 증상 이상으로 설명되는 더 오래된 문제를 가져온다. 동시적으로 그것은 또한 환자와 치료자 사이에 강한 라포가 형성되는 경향이 있다. 타당하고 힘을 북돋우는 치료적 경험에서 자라난 친숙함, 온정 그리고 신뢰는 도식 변화의 보다 장기(혹은 종종 더 어려운)과정의 단단한 기반으로서 기여한다. 이는 전통적 인지행동치료자들이 사실상 보다 정신역동적으로 보이는 치료적 목표들과 작업하게 되면 적합하지 않다고 느끼는 산재된 기회다. 심리도식치료의 통합적 특성인 지지와 목표 설정 사이의 균형과 심리도식치료의 인지행동치료와의 호환성은 단기간의 개입과 장기간의 치료 사이의 다리를 만든다는 의미다. 분명히 인지행동치료 환자 모두가 이 다리를 건너야 하는 것은 아니다. 하지만 이 유효성은 많은 환자와 치료자에게 환영받을 것이다.

29

치료적 관계: 제한된 재양육

앞에서 설명한 대로(14장), 제한된 재양육은 유연하고 진솔한 치료자가 환자의 욕구를 제한적으로 충족해 주는 것이다. 아래에서 제한된 재양육 치료적 태도의 임상적 실현 가능성에 대해 더 상세히 이야기하겠다.

첫째, 제한된 재양육이 여러 형태를 취함을 인식하는 것이 필수적이다. 물론 온정, 진솔함 그리고 공감[가장 효과적인 치료에 기저한 불특정 요소들로서 Carl Rogers(1951)가 명확히 표현함]이 환자들과의 어느 상호작용에서도 심리도식치료자들 작업의 특징이 된다. 그렇더라도 심리도식치료자가 이들 기본적 특징을 넘어서고 제한된 재양육을 산출하는 방식은 환자의 충족되지 않은 욕구들에 따라 환자마다 상당히 다를 것이다. 그 방식은 어떤 회기나 순간에 활성화되어 있는 지배적 양식들에 근거한 단 하나의 치료관계 내에서도 다를 것이다. 그러므로 치료의 모든 과정의 사정과 교육 단계의 초기 조치는 특정 환자에게 어떤 방식의 제한된 재양육이 가장 적절할지를 결정하는 것이다.

때로는 환자의 욕구가 빨리 눈에 띈다. 예를 들어, 강한 정서적 결핍 도식을 가진 환자는 영 도식 질문지(YSQ)와 영 양육검사(YPI)의 관련 문항들에서 높은 점수를 받을 것이고, 그들이 타당하지 않다거나 관심받지 못했다고 느끼는 현재 삶의 환경들로부터 손쉽게 예들을 찾을 수 있을 것이다. 그러므로 치료자의 목록에서 온정과 타당화의 중요함은 매우 분명해진다.

다른 때에는 분명히 환자 자신에 대한 욕구들이 아마 덜 분명할 것이다. 예를 들면, 결함 도식이지만 과잉 보상 대처 방식이 지배적인 환자는 불사신의 태도로 치료에 들어오고 아마 우월하고 오만한 태도를 보일 것이다. 치료자의 역할은 이러한 것들이 대처 행동이라는 것을 인식시키고 그들이 연결된 핵심 취약성과 충족되지 않은 욕구를 확인하고 좋은 부모가 했을 법하게 그들에게 반응하는 것이다. 이 사례(자기애적 특징을 가진 환자 치료에서 종종 발생함; 26장 참조)에서 좋은 제한된 재양육의 핵심은 자기과장자의 경우 거리감을 두고 무시하는 행동들에 한계를 짓는 반면 취약한 아동의 경우는 양육하고 이해해 주는 것이다.

이 마지막 예시는 제한된 재양육(그리고 양육 자체)의 가장 중요한 특징 중 하나인 유연성 욕구를 말해 준다. 한 아이의 욕구가 다른 아이들의 욕구와 다른 것처럼, 한 환자의 욕구는 다른 환자들의 욕구와 다르다. 치료자들은 그들의 방식을 회기마다 혹은 회기 내에서도 달라질 수 있는 환자의 욕구에 맞춰 조정해야 할 필요가 있다. 환자 자신의 건강한 성인 양식의 출현 모형

으로 기여하려면 치료자는 다음을 제공할 수 있어야 한다. 안정
성과 안전한 애착의 기지, 자율성과 유능감의 발판, 진실한 욕구
와 정서의 표현과 발견 격려, 자발성과 놀이의 공감(그리고 이러
한 것의 억제를 줄이는 것에 대한 도움), 그리고 치료 내외에서의 실
제적 한계에 대한 정직성과 단순 명쾌함이다.

특정한 욕구나 도식에 맞춘 특정한 재양육 목표들이 있다. 예
를 들어, 불신/학대 도식 환자들을 치료할 때 심리도식치료자들
은 환자와의 투명성과 정직을 가장 중요하게 여긴다. 그들은 솔
직하게 신뢰와 친밀감 주제들을 논의하고 신뢰할 수 있음을 증
명한다(예: 그들의 의미를 먼저 찾는 대신 질문에 즉각적이고 직접적
으로 대답함으로써). 그들은 환자에게 치료자에게 가질 수 있는
어떤 부정적 감정도 표출하라고 격려하고 환자의 취약성을 타당
화하는 (상상하기와 같은) 보다 정서적인 활성화 개입들을 제안할
때 매우 주의하며 진행한다.

특권의식 도식을 가진 환자들을 치료할 때는 다른 목표들이
추구된다. 그러한 경우 주요 목표는 특권의식 너머의 근원적인
취약성을 알아내는 것이다. 특권의식 측면은 강화되지 않는 반
면 취약성은 양육된다. 재양육의 부분으로서 치료자는 특권의식
을 공감적으로 직면하고 그에 제한을 둔다. 더 중요하게 치료자
는 환자를 조정하거나 힘을 보여 주려는 대신 정서적 연결을 강
조한다. 비슷하게 맞춰진 목표들은 각 도식마다 존재하지만 그
것의 열거는 이 장의 범위를 벗어난다. 더 자세하게 알고 싶다면
Young 외(2003)을 보라.

제한된 재양육은 그 자체가 책략은 아니다. 대신 그것은 인도하는 치료적 자세다. 사용되는 치료적 개입들(인지적, 실험적, 행동적)과 통합된 치료자 역할에 대한 광범위한 접근이다. 실제로 심리도식치료에서 이뤄진 많은 경험적 작업은 재양육을 포함한다. 치료자가 환자의 이미지에 들어가 건강한 성인으로 반응할 때, 치료자는 환자를 재양육하고 있는 것이다. 환자의 욕구에 대한 건강한 반응을 보여 주고, 심지어 환자가 그러한 욕구를 알아차리게 허용한다. 그리고 환자에게 부모님이 그들에게 반응했을 지도 모를 다른 방식들이 있고, 궁극적으로 환자들에게 그들 자신의 건강한 성인이 자신들을 재양육할 수 있는 다른 방법들이 있다는 것을 가르친다.

요약하면, 제한된 재양육은 치료자가 실제로 부모가 되거나 어린애 같은 의존성으로 퇴행하는 것을 포함하지 않는다. 대신 환자가 놓치고 필요로 하는 정서적 경험에 접근하기 위하여 윤리적이고 전문적인 한계들 내에서 작업한다. 이러한 접근을 이용하여 환자의 충족되지 않은 욕구를 제공하고 환자의 부적응적 도식을 치료하려고 노력한다.

제한된 재양육은 치료자 쪽의 상당한 정서적 투자 없이는 불가능하다. 진솔한 사람이 되고, 이러한 진솔성을 목소리 톤, 말, 행동들에 담아 전달하는 것은 심리도식치료자들이 치료관계에서 자신들이 분리된 임상가가 아닌 진정한 사람이 되는 것을 허용함을 의미한다. 결과적으로 제한된 재양육을 성공적으로 전달하는 것은 요구되는 기법과 공감 모두 높은 수준이기에 종종 매

우 어려운 일이다. 이러한 도전이 성공하기 위해서는 치료자가
그들이 환자를 재양육하는 데 계속해서 집중하도록 돕는 그들
자신의 도식과 대처 방식(30장 참조)을 잘 알아야 한다.

30

치료자 자신의 도식

그들이 대하는 환자들처럼, 치료자들은 종종 그들 자신의 고통
스러운 삶의 경험을 기반으로 한 초기 부적응적 도식을 갖고 있
다. 누군가의 도식을 치료하는 것은 남을 돕기 위한 훌륭한 마음
가짐이다. 하지만 이러한 도식들이 해결되지 않은 채 남아 있는
만큼, 치료자들은 도식 활성에 취약한 채로 있을 수 있다. 이것
은 사실상 불가피하게 심리도식치료가 거의 완결되지 못하게 한
다. 특별한 스트레스를 받을 때나 화나게 하는 환자들과 대면할
때 치료자들의 도식은 촉발될 수 있다. 일반적으로 그들 자신의
도식을 아는 치료자들은 그것이 이뤄지는 치료를 방해하기 위하
여 위협할 때 교정적 행동을 할 수 있는 건강한 성인 양식을 지
니고 있다. 하지만 특정 상황들 혹은 특정 환자들에서는 특히 건
강하지 않은 대처 형태들과 결합됐을 때 이 도식 활성화가 더 심
각한 문제들을 야기할 수 있다.

치료자의 도식과 대처 반응이 치료를 방해하는 한 가지 분명한

신호는 경계를 위반하는 것이다. 즉, 치료자가 환자에게 치료자의 경계선을 넘어서는 것을 허락한다거나, 치료자가 환자의 경계선을 넘는 경계 위반이다. 전자의 예는 환자들이 그들에게 과도한 요구를 하는 것을 허락하거나 그들을 존중하지 않고 학대적으로 치료하는 치료자들을 포함한다. 자기희생, 엄격한 기준 그리고 승인 추구는 치료자들이 보이는 가장 흔한 도식이다. 치료자들은 종종 타인의 욕구와 감정에 잘 맞추도록 학습되고 부모나 형제와 같은 다른 가족 구성원에게 양육자의 역할을 하는 가족에서 나온다. 이러한 경험들이 치료를 제공하는 긍정적 동기부여의 원천이 되었을 것이다. 하지만 그것들은 또한 그들 자신을 희생하여 환자의 욕구에 너무 중점을 둔다든가(자기희생 도식), 그들 자신이나 환자들에게 너무 심하게 군다든가(엄격한 기준 도식), 자긍심의 근거로 환자의 인정에 너무 집착하는 것(인정 추구 도식)과 같이 치료자들을 특정 어려움에 취약하게 할 수 있다.

어떤 치료자들은 환자에게 너무 많은 시간과 관심을 쏟는다. 예를 들어, 한 치료자는 경계선적 성격장애 환자 줄리가 그에게 매일, 그가 바쁠 때조차 답장을 해야 할 것같이 느껴지는 장문의 이메일들을 보내는 것을 허락했다. 줄리는 이러한 매일의 관심이 매우 만족스러웠지만 치료자는 결국 너무 과하다는 것을 알았다. 치료자 자신의 어머니가 경계선적 성격장애를 지니고 있었다. 아이로서 그는 엄마의 보살핌을 받고 싶은 자신의 욕구와 감정을 무시한 채 그의 어머니의 정서적 양육자가 되었다. 그의 자기희생 도식 때문에 그는 더욱더 많은 시간을 주는 방식으로 환자의 요구에 반응한다. 일들이 너무 심해지기 전까지 그는 그것이 자신에게서 빼앗아 가는 대가를 몰랐다. 사례 슈퍼비전을 받은 후에야 치료자는, 줄리가 이메일을 하는 것에 한계를 설정하는 성공적 해결에 도달하게 되었다.

치료자의 도식 양식은 또한 환자의 경계 위반에 도움을 준다. 예를 들어, 어떤 치료자들은 환자의 분노, 공격 혹은 평가절하를 너무 걱정하거나 그에 굴종함으로써(순응적 굴복자 양식) 반응한다. 환자가 더 많이 괴롭히고 요구하고 분노하면 치료자는 더 상냥해지고 더 부드럽게 말하고 순응적이 된다. 한 치료자에게 그의 회기 시간에 뚱하게 침묵을 지키는 론이라는 환자가 있었다. 론은 좌석에서 빤히 쳐다보며 치료자의 질문에 단답으로 반응했다. 그는 치료에 참여하고 싶지 않음을 침묵을 통하여 표현하며 적개심을 발산했다. 치료자는 그녀 자신의 분노를 잘 알아차리지 못하는 부드럽게 말하는 친절한 여성이었다. 그녀는 말대꾸를 하지 않고 타인을 기쁘게 하는 '착한 소녀'(순응적 굴복자 양식)의 길을 배워 왔다. 론의 침묵에 대해 치료자는 그를 참여시키려는 노력을 계속했다. 그녀는 회기를 시작할 화제를 찾고 예의 바르고 친절하게 진행하였다. 내면에서는 각각의 회기 진행 동안 자신이 더 가치 없고 무능력함을 느꼈다. 치료를 한 지 6개월 된 어느 날, 그녀는 슈퍼비전 회기에서 더 이상은 못하겠다고 말하며 울면서 무너졌다. 슈퍼바이저는 그녀가 행동을 억누르고 론을 직면하고 그의 적대감에 한계를 설정하라고 추천했다. 다음 회기에서 그녀는 치료와 치료자 자신의 개인적, 직업적 발달에 있어 전환점으로 보이는 개입을 성공적으로 해냈다.

심리도식치료자들에게 다른 가능한 어려움은 그들이 욕구와 재양육에 집중하는 것이 그들 자신의 충족되지 않은 욕구를 촉발할 수 있다는 것이다. 이는 환자들에게 무의식적 행동으로 나타날 수 있다. 예를 들어서, 강한 정서적 결핍 도식을 가진 치료자는 환자와의 관계에서 그가 어릴 때 부족했던 사랑을 추구할 수 있다. 치료자는 그가 치료자로서 환자에게 모든 것을 주는, 모든 것을 사랑하는 부모가 되면 완벽한 사랑을 간접적으로 경험할 수 있다는 환상을 갖고 있을 것이다. 불행히도 그러한 상황들은 치료자가 그의 환자와 애정적으로 연관될 때 일이 잘못되고 경계 위반으로 진행될 위험이 있다. 이러한 사례들은 거의 항상 치료자에게서 강한 도식 활성화를 수반한다.

지속적인 경계 침범은 치료자의 도식이 촉발된다는 한 가지 신호인 동시에 환자에게서 유리시키는 또 다른 신호다. 예를 들어, 정서 억제 도식을 가진 치료자들은 환자의 정서성이 불편할 수 있다. 그래서 그들은 무의식적이지만 예민하게 환자들이 정서적이 될 때 비판적이거나(처벌적인 부모 양식) 과도하게 주지화됨으로써(분리된 보호자 양식) 환자들이 정서를 보이는 것을 단념시킬 것이다. 치료자와 환자 모두가 이러한 불편함을 함께 느끼면 정서를 피하기 위하여 무의식적으로 함께 공모하는 결과가 나올 수 있다.

치료자와 환자는 이지적 논의를 함으로써 그들 모두 정에 약해지거나 친밀해지는 화제들에서 느끼는 불편함을 피할 수 있

다. 그들의 분리된 보호자 양식들은 상호적으로 서로를 강화한
다. 그들은 아마 환자의 도식들에 대해 말하겠지만 분리된 태도
로 그렇게 하여 궁극적으로는 변화를 창출하지 못한다.

유사하게, 강한 정서적 결핍 도식을 가진 치료자는 그들 자신
의 충족되지 않은 욕구를 촉발하는 친밀함에 위협받을 것이다.
그들은 아마 환자의 친교 욕구 측면에서는 가까이 가지 않고 분
리될 것이다. 그리고 치료자 자신의 정서적 결핍의 아동기 기원
과 유사할 수 있기에 철회한다.

경계선, 자기애적 혹은 반사회적 성격장애와 같은 더 어려운
환자를 다룰 때에는 숙련된 치료자조차 그들에겐 적절한 지원
이 있다는 확신이 필요하다. 슈퍼비전, 동료 슈퍼비전 그리고 치
료자의 자기치료는 치료자 자신의 도식들이 촉발될 때 어려움을
피하거나 치료가 정상 궤도에 오르도록 도울 수 있다.*) 우리는,
좋은 심리도식치료자는 그들이 필요하고 받을 만한 지원을 염두
에 두고 이러한 복잡하고 미묘한 차이가 있는 치료를 환자들에
게 효과적이고 자기 충족적인 방식으로 수행할 수 있어야 한다
고 확신한다.

---

*) 국내에서는 사단법인 한국심리도식치료협회(https://ksta.online)에서 심리도식
상담전문가 과정을 개설하여 운영하고 있음.

참고문헌

Alexander, F., & French, T. M. (1946). *Psychoanalytic therapy: Principles and application*. Oxford, England: Ronald Press.

American Psychiatric Association (2000). *Diagnostic and statistical manual of mental disorders* (4th ed., text revision). Washington, DC: American Psychiatric Association.

Arntz, A., & van Genderen, H. (2009). *Schema therapy for borderline personality disorder*. Chichester, England: John Wiley & Sons Ltd.

Bartlett, F. C. (1932). *Remembering: A Study in Experimental and Social Psychology*. New York: Cambridge University Press.

Bateman, A. W., & Fonagy, P. (2004). Mentalization-based Treatment of BPD. *Journal of Personality Disorders, 18*, 36-51.

Baumeister, R. F., & Leary, M. R. (1995). The need to belong: Desire for interpersonal attachments as a fundamental human motivation. *Psychological Bulletin, 117*, 497-529.

Beck, A. T. (1972). *Depression: Causes and treatment*. Philadelphia, PA: University of Pennsylvania Press.

Beck. A. T., Freeman, A., & Davis, D. D. (2003). *Cognitive therapy of personality disorders*. New York: Guilford Press.

Bernstein, D. (2009, December 11). Treating the untreatable: Schema Focused Therapy for high scoring psychopaths. Paper Presentation, Trent Study Day, Nottingham, England, UK.

Bernstein, D. P., Arntz, A., & de Vos, M. (2007). Schema focused therapy in forensic settings: Theoretical model and recommendations for best clinical practice. *International Journal of Forensic Mental Health, 6*, 169-183.

Borkovec, T. D., Alcaine, O. M., & Behar, E. (2004). Avoidance theory of worry and generalized anxiety disorder. In R. G. Heimberg, C. L. Turk, & D. S. Mennin (Eds.), *Generalized anxiety disorders: Advances in research and practice* (pp. 77-108). New York: Guilford Press.

Brewin, C. R., Andrews, B., & Gotilb, I. H. (1993). Psychopathology and early experience: A reappraisal of retrospective reports. *Psychological Bulletin, 113*, 82-98.

Butler, A. C., Brown, G. K., Beck, A. T., & Grisham, J. R. (2002). Assessment of dysfunctional beliefs in borderline personality disorder. *Behaviour Research and Therapy, 40*, 1231-1240.

Campbell, W. K., Foster, C., & Finkel, E. (2002). Does self-love lead to love for others? A story of narcissistic game playing. *Journal of Personality and Social Psychology, 83*, 340-354.

Clarkin, J. F., Yeomans, F. E., & Kernberg, O. F. (1999). *Psychotherapy for borderline personality.* Hoboken, NJ: John Wiley & Sons Ltd.

Craske, M. G., & Barlow, D. H. (2006). *Mastery of your panic and anxiety: Therapist guide* (3rd ed.). New York: Oxford University Press.

David, D., & Szentagotai, A. (2006). Cognitions in cognitive-behavioral psychotherapies: Towards and integrative model. *Clinical Psychology Review, 26*, 284-298.

Davidson, P. R., & Parker, K. C. H. (2001). Eye movement desensitization and reprocessing (EMDR): A meta-analysis. *Journal of Consulting and Clinical Psychology, 69*, 305-316.

Deci, E. L., & Ryan, R. M. (2000). The "what" and "why" of goal pursuits: Human needs and the self-determination of behavior.

Psychological Inquiry, 11, 227-268.

d'Silva, K., Duggan, C., & McCarthy, L. (2004). Does treatment really make psychopaths worse? A review of the evidence. *Journal of Personality Disorders, 18*, 163-177.

Eastwick, P. W., Finkel, E. J., Mochon, D., & Ariely, D. (2007). Selective versus unselective romantic desire. *Psychological Science, 18*, 317-319.

Eysenck, H. J. (1990). Biological dimensions of personality. In L. A. Previn (Ed.), *Handbook of personality: Theory and research* (pp. 244-276). New York: Guilford Press.

Farrell, J. M., Shaw, I. A., & Webber, M. A. (2009). A schema-focused approach to group psychotherapy for outpatients with borderline personality disorder: A randomized controlled trial. *Journal of Behavior Therapy and Experimental Psychiatry, 40*, 317-328.

Fernando, J. (1998). The etiology of narcissistic personality disorder. *The Psychoanalytic Study of the Child, 53*, 141-158.

Fisher, H. (2004). *Why we love: The nature and chemistry of romantic love.* New York: Henry Holt.

Foa, E. B., & Goldstein, A. (1978). Continuous exposure and complete response prevention in the treatment of obsessive-compulsive neurosis. *Behavior Therapy, 9*, 821-829.

Foa, E., Hembree, E., Cahill, S., Rauch, A., Riggs, D., Feeny, N., & Yadin, E. (2005). Randomized trial of prolonged exposure for posttraumatic stress disorder with and without cognitive restructuring: Outcome at academic and community clinics. *Journal of Consulting and Clinical Psychology, 73*, 953-964.

Foa, E., Hembree, E., & Rothbaum, B. O. (2007). *Prolonged exposure therapy for PTSD: Emotional reprocessing of traumatic experiences, therapist guide.* New York: Oxford University Press.

Freud, S. (1924). *Collected papers.* New York: International Psychoanalytic

Press.

Giesen-Bloo, J., Van Dyck, R., Spinhoven, P., Van Tilburg, W., Dirksen, C., Van Asselt, et al. (2006). Outpatient psychotherapy for borderline personality disorder: A randomized trial of schema-focused therapy vs. transference-focused psychotherapy. *Archives of General Psychiatry, 63*, 649-658.

Glasser, W. (1969). *Reality therapy.* New York: Harper & Row.

Gray, J. A. (1990). Brain systems that mediate both emotion and cognition. *Cognition and Emotion, 4*, 269-288.

Hare, R. D., & Neumann, C. S. (2009). Psychopathy. In P. H. Blaney & T. Millon (Eds.), *Oxford textbook of psychopathology, second edition* (pp. 622-650). New York: Oxford University Press.

Harvey, A. G., Watkins, E., Mansell, W., & Shafran, R. (2004). *Cognitive behavioural processes across psychological disorders: A transdiagnostic approach to research and treatment.* New York: Oxford University Press.

Horney, K. (1946). *Our inner conflicts.* London: Routledge and Kegan Paul.

Jacobson, N. S., Martell, C. R., & Dimidjian, S. (2001). Behavioral activation treatment for depression: Returning to contextual roots. *Clinical Psychology: Science and Practice, 8*, 255-270.

Kellogg, S. (2004). Dialogical encounters: Contemporary perspectives on "chairwork" in psychotherapy. *Psychotherapy: Theory, Research, Practice, Training, 41*, 310-320.

Kernberg, O. (1976). Technical considerations in the treatment of borderline personality organization. *Journal of the American Psychoanalytic Association, 24*, 795-829.

Khantzian, E. J. (1997). The self-medication hypothesis of substance use disorders: A reconsideration and recent applications. *Harvard Review of Psychiatry, 4*, 231-244.

Lazarus, A. A., & Lazarus, C. N. (1991). *Multimodal life history inventory.* Champaign, IL: Research Press.

Linehan, M. M. (1993). *Cognitive-behavioral treatment of borderline personality disorder.* New York: Guilford Press.

Loewald, H. (1980). *Repetition and repetition compulsion. Papers on Psychoanalysis.* New Haven, CT: Yale Press.

Maslow, A. (1962). *Toward a psychology of being.* New York: Van Nostrand.

Mikulincer, M., & Shaver, P. R. (2007). *Attachment in adulthood: Structure, dynamics, and change.* New York: Guilford Press.

Nordahl, H. M., & Nysaeter, T. E. (2005). Schema therapy for patients with borderline personality disorder: A single case series. *Journal of Behavior Therapy and Experimental Psychiatry, 36,* 254-264.

Padesky, C. A. (1994). Schema change processes in cognitive therapy. *Clinical Psychology and Psychotherapy, 1,* 267-278.

Persons, J. B. (2008). *The case formulation approach to cognitive-behavior therapy.* New York: Guilford Press.

Piaget, J. (1955). *The child construction of reality.* London: Routledge and Kegan Paul.

Roemer, L., & Orsillo, S. M. (2008). *Mindfulness and acceptance based behavioral therapies in practice.* New York: Guilford Press.

Rogers, C. R. (1951). *Client-centered therapy: Its current practice, implications, and theory.* Oxford, England: Houghton Mifflin.

Ronningstam, E. (2009). Narcissistic personality disorder. In P. H. Blaney & T. Millon (Eds.), *Oxford textbook of psychopathology, second edition* (pp. 752-771). New York: Oxford University Press.

Safran, J. D., & Muran, J. C. (1996). The resolution of ruptures in the therapeutic alliance. *Journal of Consulting and Clinical Psychology, 64,* 447-458.

Segal, Z., & Shaw, B. (1996). Cognitive therapy. *American Psychiatric*

Press Review of Psychiatry, 15, 69-90.

Skinner, B. F. (1953). *Science and human behavior.* New York: Macmillan.

Smucker, M. R., & Boos, A. (2005). Imagery rescripting and reprocessing therapy. In A. Freeman, M. Stone, & D. Martin (Eds.), *Comparative treatments for borderline personality disorder* (pp. 215-237). New York: Springer Publishing Co.

Uhlmann, E., Pizarro, D., & Bloom, P. (2008). Varieties of social cognition. *Journal for the Theory of Social Behavior, 38,* 293-322.

Wachtel, P. L. (2007). *Relational theory and the practice of psychotherapy.* New York: Guilford Press.

Young, J. E. (1990). *Cognitive therapy for personality disorders: A schema-focused approach.* Sarasota, FL: Professional Resource Exchange, Inc.

Young, J. E., & Flanagan, C. (1998). Schema-focused therapy for narcissistic patients. In E. Ronningstam (Ed.), *Disorders of narcissism: Diagnostic, clinical, and empirical implications* (pp. 239-268). Washington, DC: American Psychiatric Press.

Young, J. E., & Klosko, J. S. (1993). *Reinventing your life.* New York: Dutton.

Young, J. E., Klosko, J. S., & Weishaar, M. E. (2003). *Schema therapy: A practitioner guide* . New York: Guilford Press.

찾아보기

저자 소개

에시콜 라파엘리(Eshkol Rafaeli)

인지행동치료와 심리도식치료 전문가이며,
이스라엘의 바일란(Bar-Ilan) 대학교 부교수
이자 임상심리학자다.

데이비드 번스타인(David P. Bernstein)

네덜란드의 마스트리흐트(Maastricht) 대학교
심리학과 부교수다.

제프리 영(Jeffrey Young)

뉴욕과 코네티컷의 인지치료센터와 뉴욕심리
도식치료연구소(Schema Therapy Institute)
의 창립자이며 책임자다.

역자 소개

이은희(Lee Eunhee)

전남대학교 심리학박사
한국심리학회 소장학자 논문상 수상

현 경남대학교 심리학과 교수
　　싱담심리전문가(한국상담심리학회)
　　부부 및 가족상담전문가(한국상담심리학회)

03 인지행동치료 스펙트럼 시리즈　COGNITIVE BEHAVIOR THERAPIES

심리도식치료
Schema Therapy

2015년 1월 20일 1판 1쇄 발행
2024년 7월 25일 1판 4쇄 발행

지은이 • Eshkol Rafaeli · David P. Bernstein · Jeffrey Young
옮긴이 • 이은희
펴낸이 • 김진환
펴낸곳 • ㈜ 학지사

　　　　04031 서울특별시 마포구 양화로 15길 20 마인드월드빌딩
대표전화 • 02)330-5114　　　팩스 • 02)324-2345
등록번호 • 제313-2006-000265호

홈페이지 • http://www.hakjisa.co.kr
인스타그램 • https://www.instagram.com/hakjisabook

ISBN 978-89-997-0317-1 93180

정가 13,000원

출판미디어기업 학지사

간호보건의학출판 학지사메디컬 www.hakjisamd.co.kr
심리검사연구소 인싸이트 www.inpsyt.co.kr
학술논문서비스 뉴논문 www.newnonmun.com
교육연수원 카운피아 www.counpia.com
대학교재전자책플랫폼 캠퍼스북 www.campusbook.co.kr